现代工商管理理论与实务

周辉　著

中国商业出版社

图书在版编目（CIP）数据
现代工商管理理论与实务 / 周辉著. -- 北京 : 中国商业出版社，2025. 3. -- ISBN 978-7-5208-3353-0
Ⅰ. F203. 9
中国国家版本馆 CIP 数据核字第 2025GM3686 号

责任编辑：黄世嘉

中国商业出版社出版发行
（www.zgsycb.com　100053　北京广安门内报国寺 1 号）
总编室：010-63180647　编辑室：010-63033100
发行部：010-83120835/8286
新华书店经销
廊坊市瀚源印刷有限公司印刷
*
710 毫米 ×1000 毫米　16 开　12.75 印张　191 千字
2025 年 3 月第 1 版　2025 年 3 月第 1 次印刷
定价：49.80 元
****
（如有印装质量问题可更换）

前　言

随着市场经济的发展，企业的规模日益扩大，经营日趋复杂，迫切需要训练有素的经营管理人才，因此工商管理学科应运而生。在我国，随着社会主义市场经济体制改革的不断深入，企业成了社会经济的主体。尤其是面对全球经济一体化、数字经济的蓬勃发展，以及网络技术的全面普及，创新已成为企业持续发展的核心动力，因此，企业管理需要进行一系列深刻的变革，才能适应这些变化。企业管理的需求和外部环境的变化，要求现代企业管理人员必须致力于管理理念、经营思路、组织机构、管理制度、管理方式方法等方面的创新改革，革新传统的企业管理方法和策略，使现代企业管理理念和模式迈向更高的台阶。因此，企业管理人员必须树立整体观念，从宏观出发，坚持统筹、协调、均衡的原则，着力做好各个方面的管理工作，实现高质量发展。

鉴于此，笔者编写了《现代工商管理理论与实务》一书。本书共分为八章：第一章对企业管理的概念进行详细阐述，探讨其要素、发展阶段、存在的问题、发展趋势等；第二章从计划与决策、组织与领导、控制与创新三个方面分析企业管理的基本职能；第三章到第七章则针对工商管理的职能分类，分别从战略管理、生产管理、营销管理、财务管理、人力资源管理等角度进行研究；第八章着重论述企业管理风险控制，提出企业风险控制存在的问题及对策。

笔者在编写本书的过程中，结合自身近年来的研究经验，参考了大量相关的研究报告及数据资料，在此对相关研究文献的作者表示由衷的感谢。由于笔者的能力和精力有限，书中难免存在一些不妥之处，欢迎广大读者批评指正。

目　录

第一章　企业管理概述

第一节　企业管理的要素

一、企业管理的概念

企业管理是指为了达到既定目标，对企业生产经营活动进行计划、组织、指挥、监督和控制。企业管理包含以下几个方面的含义。

（一）企业管理属于有明确目标的过程管理

企业管理是人类进行的有目的的活动，每一个企业在从事生产经营活动时都是依照一定的目标进行的，企业活动的目的就是要完成既定目标，以保证企业的正常运营。

（二）企业管理的对象及任务

企业管理的对象，既与人这一要素有关，也与物这一要素有关。但是只有在人类活动过程中，通过处理人与人、人与物的关系，才能使物发挥作用。因此，企业管理需要充分调动人的积极性和创造性，并通过人的具体工作来实现企业的既定目标，以实现企业提高经济效益、满足社会需要的基本任务。

（三）企业管理的发展符合客观规律

企业管理这一过程的发展离不开企业内部的自我发展，也离不开与企业息息相关的外部环境。企业内部环境包括企业自己的人、财、物、技术及信息等，反映了企业竞争能力的大小；企业的外部环境一般包括社会政治、经济、科学技术、资源供应情况、市场需求及市场竞争状况等，外部环境也是企业赖以生存的环境。因此，企业管理者必须了解企业的发展规律，在谋求企业的内部环境、外部环境协调发展的基础上，致力于经营目标的实现，实现内部环境、外部环境和既定目标三者之间的动态平衡。

（四）企业管理是各项管理工作或职能的总称

企业管理的职能包括决策与计划、组织、监督与控制、协调、指挥、激励等，其业务包括经营战略、计划、营销、生产、科技、质量、劳动人事、设备、物资、财务管理等各方面，缺一不可。对于任何企业来说，实行企业管理都是必不可少的，不实行管理，企业的生产经营活动就无法进行。企业管理是社会化大生产的产物，随着现代科学技术的发展，企业的生产技术越来越复杂，劳动分工越来越精细，对各项活动的配合度和准确度的要求越来越严格。由于外部条件多变，企业必须通过各种有效的工作作出及时灵活的反应，否则，自身的生存与发展就难以保证。

二、企业管理的属性

企业管理具有二重属性。一方面，它具有同生产力和社会化大生产相联系的自然属性；另一方面，它具有同生产关系和社会制度相联系的社会属性。

（一）企业管理的自然属性

企业管理的自然属性表明，管理是进行社会化大生产的必要条件，是社会劳动过程的一般要求。企业管理必须同现代生产力、社会化大生产相联系，适应现代化大生产的客观要求。这些要求具体包括以下四个方面：

（1）必须按照现代企业生产力的发展规律办事。

（2）企业内生产技术经济活动的各环节、各部门和各方面的工作都要保持适当的比例关系。

（3）必须按照社会的需要，消耗尽可能少的劳动，占用尽可能少的资金，生产尽可能多、尽可能好的产品，从而为社会创造更多的物质财富，获得更多的利润，以保证企业扩大再生产的进行。

（4）必须适应科学技术进步及其在生产中的应用，不断提高信息管理水平和职工的科学文化技术水平，这是保证企业管理水平提高、生产过程顺利进行的重要因素。

（二）企业管理的社会属性

企业管理的社会属性表明，它是生产资料所有者意志的体现，是实现生产目的的手段，要适应一定生产关系的要求。社会主义生产关系对企业管理提出了以下四点要求：

（1）必须把企业生产经营积极性、灵活性同国家的宏观经济调控结合起来。

（2）必须实行由广大职工群众参加的民主管理。

（3）必须发展同志式的、互助合作的社会主义新型人际关系。

（4）必须坚持以按劳分配为主体的社会主义分配制度。

（三）学习和掌握企业管理二重性理论的意义

企业管理二重性理论是建立和发展我国社会主义企业管理学和创建现代企业制度的理论基础，是正确认识资本主义企业管理的理论武器。

（1）有助于分清社会主义企业管理和资本主义企业管理的本质区别。社会主义企业管理和资本主义企业管理的本质区别主要在于企业管理的社会属性，主要表现在管理目的、管理权限的归属、管理方式等方面。

（2）使人们懂得如何借鉴企业管理先进经验。自然属性是任何社会制度下管理的共同属性，它说明的是管理工作如何适应生产力发展的要求，与现代社会生产力相联系的属性，这种属性与社会制度和生产关系无关，也不受国家限制，只要是对发展生产力有益的管理方法和经验都可以采用。

（3）使人们认识到要提高我国企业管理水平，必须抓好两项工作：一是抓好生产力的合理组织和劳动过程的协调工作，加强企业管理的基础工作，力争以最少的劳动消耗取得最大的经济效益；二是要注意自觉维护社会主义的生产关系，调整和改革那些与生产力不相适应的生产关系，充分发挥社会主义生产关系的优越性。

（4）使人们认识到管理劳动是企业不可缺少的生产性劳动。通过管理劳动，彼此分离的生产要素得以紧密地结合起来，使可能的生产力转化为现实的生产力。没有管理劳动，企业就无法组织共同的劳动。

第二节　企业管理的发展阶段

企业管理一般包括四个发展阶段，分别是初级阶段、中级阶段、高级阶段、超越阶段。

一、初级阶段

（一）国有企业

从国有企业的视角出发，初级阶段面临着从政治身份向市场身份转变的关键挑战，这一过程不仅关乎企业自身的生存与发展，也深刻影响着国家经济结构的优化与升级。股权改制、人事制度创新、领导人机制变化，以及后续的一系列措施，都是实现这一目标的重要途径。

1. 股权改制

通过引入多元化股权结构，包括引入非国有资本、员工持股计划等，可以打破单一国有股权的垄断局面，增强企业的市场活力和竞争力。同时，股权改制还有助于明确产权关系，为建立现代企业制度奠定基础。

2. 人事制度创新

传统国有企业的人事制度往往带有浓厚的行政色彩，不利于人才的合理流动和激励机制的建立。因此，需要创新人事制度，建立以市场为导向的用人机制，实行更加灵活多样的薪酬和激励机制，吸引和留住优秀人才。

3. 领导人机制变化

国有企业领导人的选拔和考核机制也需要进行改革，从过去的行政任命向市场化选聘转变。通过引入职业经理人制度，让懂市场、会经营的专业人才担任企业领导职务，提高企业的经营管理水平。

国有企业向市场化的转变是一个复杂而系统的过程，需要政府、企业和社会各方面的共同努力和配合。通过实施上述策略，可以逐步推动国有企业向市场化、现代化方向迈进，为国民经济的持续健康发展贡献力量。

（二）民营企业

从民营企业的视角来看，在初级阶段面临着从依赖市场投机获利向规范市场管理以获取长期利益的转变。这一过程不仅是企业发展模式的转变，更是企业文化、治理结构和领导方式的深刻变革。随着企业规模的不断扩大和业务的复杂化，民营企业需要逐步建立分权与集权相结合的决策机制。一方面，通过分权可以激发下属部门和团队的积极性和创造力，提高决策效率；另一方面，保持适度的集权可以确保企业战略的连贯性和重大决策的审慎性。因此，应成立以民营企业主为核心的决策团队，并引入外部专家顾问，形成多元化的决策视角。通过制定明确的决策流程和责任机制，确保关键决策经过充分讨论和集体审议，避免个人独断专行带来的风险。重视人才的培养和引进工作，建立完善的人才梯队体系。通过内部培训和外部招聘相结合的方式，不断为企业注入新鲜血液和活力。加强团队建设和协作能力的培养，提高团队的凝聚力和战斗力。通过定期的团队建设活动和绩效考核机制，激发团队的积极性和创造力。

在从个体发展模式向集体发展模式转变的过程中，民营企业需要关注领导权的落位和决策机制的优化问题。通过分权与集权的平衡、企业文化与价值观的重塑、人才培养与团队建设、战略规划与持续发展等方面的努力，逐步引导企业走向规范化、科学化和可持续化的发展道路。

二、中级阶段

（一）国有企业

从国有企业的视角来看，在初级阶段把企业身份定位为经营主体之后，就要在运作模式上把企业的计划性职能转变为市场化职能性质，这是创新的过程，也是企业发展的过程。因此，企业经营战略管理、企业文化管理、员工绩效管理与薪酬管理、组织重构是这个阶段的关键内容。

（二）民营企业

从民营企业的视角来看，在初级阶段的领导者观念转变之后，企业的经营开始从领导者拥有绝对的权力向规则与秩序建立的转变，是从混乱到规范的过程，其规范的内容基本上和国有企业差不多，这就是企业管理所要求的科学。

在这个过程当中，除了引入一些市场化的管理方法，基于市场职能的基础作业和管理的程序化与标准化是另一个重要特征。无论是在生产线还是在职能部门，员工的大部分工作都将趋于程序化和标准化，而且有科学的指标进行衡量。这样做虽然会影响创造性的发挥，但是对于减少员工工作的盲目和混乱则有较大的帮助。同时，程序化和标准化的工作也对产品、服务和管理的质量起着重要的保证作用，这就是规范。

三、高级阶段

在企业管理的高级阶段，需要解决规范与创造并存的问题，这是一个将管理从粗放型向精益化转变，同时从制度化管理向更加人性化、灵活化方向发展的过程。这一过程超越了传统意义上国有企业与民营企业的界限，强调的是所有企业在全球化竞争环境中的共同追求和发展。企业管理的高级阶段是一个追求规范与创造并存、从粗放向精益转变、由制度向人性化发展的过程。通过组织的流程化运作、精益化制造、人性化管理、自主化组织、核心竞争力提升、扁平化组织及知识管理等方面的努力，企业能够不断提升自身的竞争力和可持续发展能力。

四、超越阶段

随着中国企业在全球经济舞台上的崛起，其管理实践已经从单纯的学习模仿阶段迈向了自我创造和引领潮流的新阶段。面对全球经济一体化、知识经济的蓬勃发展，以及网络技术的全面普及，中国企业管理需要进行一系列深刻的变革以适应这些变化，并引领未来的管理潮流。在知识经济时代，创新是企业持续发展的核心动力。中国企业应进一步加强研发投入，建立创新激励机制，鼓励员工参与创新活动，同时加强产学研合作，将创新成果快速转化为市场竞争力。国外企业在组织、激励、领导、管理理念和沟通等方面取得了一些成功的经验，为我国企业管理提供了宝贵的参考和启示。中国企业应积极学习、借鉴这些先进理念和方法，并结合自身实际进行创新和实践，以引领未来管理的发展潮流。

第三节　企业管理存在的问题

一、管理不规范，缺乏科学性

当前阶段的企业管理主要呈现出两种倾向，这两种倾向在本质上截然不同，在方向上也背道而驰。

（一）管理不规范

由于部分企业的领导者仍保留着旧观念，缺乏接纳新知识、新技术、新理念的与时俱进的精神，在企业实际管理过程中仍秉持过去企业管理的一些准则和方法，因此，难免会出现失误，导致企业管理仍停留在基本制度、财务等层面的管理，无法体现符合时代的特点，不能及时更新企业管理理念。同时，因为旧的企业管理理念与新时代人才的思想观念不匹配，企业很难招到合适的人才，从而使企业在市场不断变化的大背景下逐渐失去市场竞争力，企业在各个环节中的严重脱节阻碍了企业的发展。对企业发展方向的判断如果出现失误，甚至会直接影响企业的生存。

（二）缺乏科学性

部分新兴企业领导者在学习了其他企业先进的管理理念与管理方法之后，未结合自身企业的特点，未考虑到不同企业之间在发展起点、发展背景、发展方向等方面的差异，一股脑儿地将学到的新知识运用到企业管理中，急于将一些管理理念付诸企业实际管理中。部分企业领导者过于激进，觉得一些发达国家的企业管理理念总是被企业管理者称赞，在制定企业管理制度时，盲目仿照、依赖发达国家的管理理念，不考虑企业的实际情况，在学习先进管理理念时没有很好地把控取其精华、去其糟粕的合理尺度，从而使管理制度与实际需求不符，无法发挥出管理制度应有的作用，导致企业发展势头受挫，企业在逐渐衰退的过程中表现出发展方向不明确的弊病。

二、管理缺乏系统性，创新意识不足

随着社会经济的发展，各行业的市场格局也在不断发生变化，企业要想在这种背景下调整发展方向，提高自身竞争力，必须具备严格的制度，确保管理者与员工合理分工，各司其职，以维持正常的企业运营。现代企业中经常出现管理形式混乱，员工“摆烂”“躺平”，以及不思进取的现象。这不仅会使企业品牌在业界受到较大影响，而且会对企业的整体工作效率产生影响，进而影响企业的经济效益。企业管理工作缺乏系统性，管理制度不完善，容易降低企业凝聚力，挫伤企业员工的积极性。如果企业员工都不尽心为企业的发展付出努力，企业的经营状况就会每况愈下。因此，企业应制定符合实际情况的规章制度，并严格执行这些规章制度，为企业发展营造良好的内部环境，提升企业的市场竞争力。

同时，还需要有创新性。创新性不仅体现在企业管理理念上，还体现在企业整体的创新氛围上，创新的主体不仅针对企业领导者，还包括企业员工。在实际管理工作中，一味地投入人力、物力、财力来建立规章制度，不能做到理论与实际相结合，会导致企业经济管理工作流于形式，没办法发挥管理工作的实际作用。创新是时代的旋律，是促进企业发展的原动力，能够确保企业可持续、稳定发展，并显著提高经济效益。

三、企业营销力度不足

经济效益一直是企业发展的重心，也是衡量一个企业发展是否成功的标志。营销对于企业经济效益的提升具有不可替代的作用，企业生产出来的产品必须销售出去才可以转化成企业维持运营的资本，提高企业的经济效益。因此，企业要重视营销并发挥其应有的作用。然而，一些企业在营销方面仍采取最传统的营销方式，对营销管理也没有给予充分的重视，使企业整体营销水平偏低，严重阻碍企业的发展。还有一些企业认识到了营销的重要性，但是由于企业管理者不是营销专业的人才，不知道应该怎样营销，因此，盲目照搬其他企业营销的成功经验，导致营销方式与企业发展不适配，同样起不到良好的营销效果，企业发展速度缓慢。

四、管理工作缺乏核心竞争力

企业核心竞争力是一个企业发展必不可少的要素，是企业提升竞争力、扩大市场份额的关键。管理工作缺乏核心竞争力主要包括以下六个方面的内容。

（一）企业成本管理缺乏竞争力

部分企业管理人员既没有节约成本的意识，也没有优化利用成本的意识，导致成本费用利用不合理，给企业带来经济损失。

（二）企业缺乏专业人才

不管是管理人才还是技术人才，如果能够合理发挥其价值，那么给企业带来的效益是不可估量的。如果一个企业没有良好的工作氛围和薪酬机制来吸引人才、留住人才，那么这个企业就缺乏发展所必需的内驱力。

（三）品牌竞争意识不强

很多企业的产品内容及包装一成不变，缺乏营销技巧，技术含量低，很难在激烈的市场竞争中生存下来。

（四）营销方式单一

企业的营销缺乏创新，对新营销方式的开发跟不上实际需求，很难在激烈的市场竞争中脱颖而出、吸引消费者的眼球，市场份额难以突破。

（五）售后服务质量差

企业的产品在销售后并不是就一劳永逸了，企业要对自己所生产的产品负责，如果售后服务不能满足市场需求，如没有售后服务，或者售后服务过于敷衍，不能真正解决问题，不但会影响企业的口碑，给消费者带来不好的体验感，而且会失去市场竞争力，难以占有市场份额。

（六）创新动力不足

部分企业管理人员缺少创新管理理念和相关专业知识，企业很难获得发展。

五、人力资源管理制度不完善，管理人才缺乏

现代企业的蓬勃发展与其人力资源管理的精细化实施是紧密相连的。

人力资源管理不仅是企业资源优化配置的关键，更是激发企业内在潜能、推动持续发展的核心推动力。然而，在实际运营中，一些企业对人力资源管理的重视程度尚显不足，这一问题主要体现在以下两个方面：

一方面，受根深蒂固的传统观念束缚，部分大型企业内裙带关系错综复杂，利益纠葛频现，这无疑降低了员工队伍的整体素质，成为制约企业前行、削弱发展动力的关键因素。因此，亟须强化人力资源管理力度，通过提升员工综合素质、优化资源配置机制来增强企业的整体竞争力，确保企业在激烈的市场竞争中立于不败之地。

另一方面，对于中小型企业而言，尽管它们在人力资源管理上投入了一定资金与努力，但由于缺乏专门的组织架构和缺乏专业人才负责此项工作，导致管理效能低下，未能充分发挥人力资源管理的应有价值，进而阻碍了企业的全面发展。因此，中小企业应重视构建专业的人力资源管理体系，确保管理策略的有效执行与持续改进。

从根本上讲，企业的发展依赖于人才的支撑与贡献。在竞争日益激烈的市场环境中，企业之间的较量实质上已转化为人才资源的比拼。缺乏高素质人才的支持，再完善的管理方案也难以付诸实践。因此，企业应将吸引、培养与留住人才置于战略高度，通过构建良好的人才发展环境，激发人才的创造力与潜能，使企业管理效能倍增。

值得注意的是，随着市场需求的变化与人才竞争的加剧，我国企业中普遍存在人才资源短缺的问题。这要求企业不仅要加大人才引进力度，还需注重内部人才的培养与激励机制建设，以应对人才供需失衡的挑战，为企业的长远发展奠定坚实的人才基础。

六、企业文化建设力度不足，无法跟上企业发展进度

在企业的发展过程中，聚焦产品制造与品质把控无疑是基石所在，其重要性不言而喻。企业若仅局限于产品视角，则可能错失推动企业跨越式发展的另一关键——企业文化建设。企业文化这一隐形的力量，虽不直观可触，却如同空气弥漫于企业的每个角落，深刻影响着企业的每一个细胞。

其潜在性往往使企业领导者在繁忙的日常管理中难以察觉其重要性，从而易被边缘化。

企业文化是企业灵魂的体现，它需静心品味、深入探究，唯有如此方能领悟其真谛。它不仅是企业历史与现状的积淀，更是引领企业未来方向的灯塔。因此，企业管理者需具备前瞻视野，深刻认识到企业文化构建的核心地位，明确企业自身文化的独特基调，精准定位适合本企业的文化发展方向。

构建积极向上的企业文化，是凝聚团队力量、激发员工潜能的关键所在。它如同磁石，吸引并激励着每一名员工心往一处想、劲往一处使，共同为企业的宏伟蓝图贡献力量。同时，强大的企业文化也是企业软实力的重要组成部分，在激烈的市场竞争中为企业披上坚实的盔甲，增添制胜的砝码，助力企业在复杂多变的市场环境中稳健前行，实现高质量发展。

第四节　企业管理的发展趋势

一、创新管理

创新管理是指企业为实现总体战略目标，在生产经营过程中根据内外环境变化的实际情况，不断检验和否定自己，创造具有自身特色的新思想、新思路、新经验、新方法和新技术，并加以组织实施。

企业创新一般包括产品创新、技术创新、市场创新、组织创新和管理方法创新等。产品创新主要是指提高质量、扩大规模、创立名牌；技术创新主要是指加强科学技术研究，不断开发新产品，提高设备技术水平和职工队伍素质；市场创新主要是指加强市场调查研究，提高产品的市场占有率，拓展新市场；组织创新主要是指企业组织结构的调整要符合发展的实际需要；管理方法创新主要是指企业生产经营过程中的具体管理技术和管理方法的创新。

二、可持续发展管理

可持续发展管理是指企业在整个生命周期内，要随时注意调整自己的经营策略，以适应不断变化的外界环境，从而使企业始终处于兴旺发达的发展阶段。现代企业家追求的目标不是企业一时的短期兴盛，而是长盛不衰。这就需要根据可持续发展原理，从历史和未来的高度，通盘考虑企业资源的合理安排，既要保证近期利益的获取，又要保证后续的蓬勃发展。

三、动态管理

动态原理是指企业管理系统随着企业内外环境的变化而不断更新自己的经营观念、经营方针和经营目标，为达到此目的必须相应地改变管理方法和手段，使其与企业的经营目标相适应。企业在发展，事业在前进，管理就必须跟得上，而其中的关键则在于更新。运动是绝对的，静止是相对的，因此，企业既要随着经营环境的变化适时地变更自己的经营方法，又要保持管理业务上的适当稳定。没有相对稳定的企业管理秩序，也就失去了高质量的管理基础。

在企业管理中，与此相关的理论还有矛盾论、辩证法。好与坏、多与少、质与量、新与老、利与弊等都是一对矛盾的两个方面，在实际操作过程中，要运用辩证方法正确、恰当地处理矛盾，使其向着有利于实现企业经营目标的方向转化。

四、激励管理

激励管理是指通过科学的管理方法激励人的内在潜力，使每个人都能在组织中尽其所能、展其所长，为完成组织制定的目标而自觉、努力、勤奋地工作。人是生产力诸要素中最活跃的因素，创造团结、和谐的环境，满足职工不同层次的需求，正确运用奖惩办法，实行合理的按劳分配制度，开展不同形式的劳动竞赛等，是激励原理的具体应用，能较好地调动人的劳动热情，激发人的工作积极性，从而达到提高工作效率的目的。

五、效益管理

效益管理是指企业通过加强管理工作，以尽量少的劳动消耗和资金占用生产出尽可能多的符合社会需要的产品，不断提高企业的经济效益和社会效益。提高经济效益是社会主义市场经济发展规律的客观要求，是每个企业的基本职责。一方面，企业在生产经营管理过程中要努力降低消耗、节约成本；另一方面，企业要努力生产适销对路的产品，保证质量，增加附加值。要从节约和增产两个方面提高经济效益，以求得企业的生存与发展。

六、弹性管理

弹性管理是指企业为了达到一定的经营目标，在企业外部环境或内部条件发生变化时有能力适应这种变化，并在管理上表现出灵活的可调节性。现代企业是国民经济巨系统中的一个子系统，它的投入与生产都离不开国民经济这个巨系统。它所需要的生产要素由国民经济的各个部门投入，它所生产的产品又需要向其他部门输出。由此可见，国民经济巨系统是企业系统的外部环境，是企业不可控制的因素，而企业内部条件则是企业本身可以控制的因素。当企业外部环境发生变化时，企业可以通过改变内部条件以适应这种变化，进而保证达到既定的经营目标。弹性管理在企业管理中的应用范围很大，计划工作中留有余地的思想、仓储管理中保险储备量的确定、新产品开发中技术储备的构想、劳动管理中弹性工作时间的应用等都在管理工作中得到了广泛的应用，并且取得了较好的成果。

第二章　企业管理的基本职能

第一节　计划与决策

一、计划

（一）计划的内涵

计划的主要内容常用“5W1H”来表示。

Why：为什么要做，即明确计划工作的原因和目的。

What：做什么，即明确所要进行的活动的内容及要求。

Who：谁去做，即规定由哪些部门和人员负责实施计划。

When：何时做，即规定计划中各项工作的起始时间和完成时间。

Where：何地做，即规定计划的实施地点。

How：怎么做，即制订实现计划的手段和措施。

（二）计划的作用

计划是对未来的部署，它为组织的发展提供了方向。在复杂多变和充满不确定性的组织环境中，一个科学、准确的计划能够减少各种变化所带来的影响，对管理者实现既定的管理目标具有重要作用。计划的作用具体表现为以下三点。

1．计划可以预知未来的不确定因素，减少变化带来的影响

计划是面向未来的，但未来的组织生存环境又具有很大的不确定性。计划的重要性是要充分分析并了解未来环境的变化规律和变化趋势，掌握未来组织可能出现的机会和面临的挑战，从而将不确定性降到最低。这就要求管理者进行周密的预测，把计划制订得科学准确，只有这样才能变被动为主动、变不利为有利。

2．有利于组织目标的实现

计划工作设计了良好的工作流程，便于有效地进行管理。计划工作强调效率性，在具体的目标方案中，计划工作明确了组织中每个部门的职能分工，使得每个职能部门的工作能够协调一致，用均匀的工作流程代替不均匀的工作流程，从而有利于资源的合理配置。同时，计划工作对人力、物力、财力和时间都作了明确而具体的规定，保证人、财、物得到最合理的安排，从而使经营活动费用降到最低。

3．计划设立目标，有利于进行控制

计划和控制是一个事物的两个方面，计划的设立使控制职能能够将实际的业绩与计划目标进行对照，一旦出现重大偏差就可以及时纠正偏差。因此，没有计划也就没有控制。

（三）计划工作的程序

计划工作的程序一般按下列步骤进行。

1．机会分析

这是在实际的计划工作之前就着手进行的，是对将来可能出现的机会的估计。机会分析包括通过对竞争状况、自己的优势和劣势、环境中的不确定因素等的了解和分析，找到自己的机会。

2．确定目标

计划工作的目标是在一定时期内所要达到的成果，指明所要做的工作有哪些，重点放在哪里，通过策略、政策、程序、预算和规划等手段来确定组织所要完成的任务。一个组织往往有许多目标，有的可能是经济方面的，有的可能是涉及社会、环境、政治方面的。

3．制订计划的前提

制订计划工作的前提，就是分析和计划工作有关的环境，或者说是预测执行计划时的环境。

4．制定可供选择的方案

一个计划往往有几个可供选择的方案，选择方案时，不是找可供选择的方案，而是减少可供选择方案的数量，以便对有希望的方案进行分析。

5．评价各种方案

在找出了各种可供选择的方案并明确了它们的优缺点后，下一步就是根据前提和目标，权衡轻重，对方案进行评估。

6．选择方案

选择方案是做计划的一个关键环节。应当指出，有时会发现同时有两个可取的方案，在这种情况下，必须确定首先采用哪个方案，并将另一个方案也进行细化和完善，作为后备方案。

7．制订派生计划

为了保证计划的落实，应该把计划分解到各单位、部门，甚至个人，形成分支计划系列，并制定相关政策。

二、决策

（一）决策的内涵

决策活动贯穿组织运行的始终。决策是指组织或个人为实现某种目标而对未来一定时期内有关活动的方向、内容及方式的选择或调整过程。决策可以是决定周末休闲娱乐方式，也可以是在若干投标方案中选择中标者，还可以是筛选出预备的接班人，决策活动具有非常广泛的普遍性。

决策针对明确的目标；决策有多个可行方案；决策必须在两个以上的备选方案中进行选择；决策是对方案的分析、判断；决策面临若干个可行方案，每个方案都具有独特的优点，也隐含着缺陷，有的方案还带有很大的风险；决策是人类固有的行为之一。

（二）决策的过程

决策是一项非常复杂且重要的管理工作。决策者要作出正确的决策，除了要掌握决策原则，还必须遵循正确的决策程序。一般来说，决策程序应当包括以下内容。

1. 识别问题

决策起始于一个存在的问题。凡是有现实与期望的差异，问题就存在了。问题的识别并非如想象中轻而易举，管理者经常会有熟视无睹的误区，使许多存在的问题并没有被当作需要决策的问题加以重视，当然也就没有得到问题解决、效果显现的结果。

2. 确定标准和目标

决策标准是用来判断决策能够被接受的依据，通常在识别问题环节中所列出的期望可以作为决策标准，只是这种目的型标准太笼统，在许多决策问题中不具备操作性，需要据此细化和具体化。通常的标准来自利益、成本、风险三方面。评价效果是非常容易被忽视的环节。对决策的评价，特别是实时跟踪评价能够保证决策方案的成功实施，也能为其他决策提供经验与教训。

决策目标的确定，可以考虑下列两种情况。一是以现状与确立的标准之间发生的偏差，或者实际现象与应有现象之间出现的偏差为决策的目标。例如，企业的实际废品率与允许废品率相比偏差较大或很大；再如，某商场在实行等级营业员制的初期，持续发生低等级营业员的怠工现象。这些问题都属于出现差距，可作为决策目标提出，考虑有无必要进行决策。二是由组织运行和发展中可能出现的各方面的需要而提出决策目标，但是在决定是否将其确定为决策目标时，需要先做可行性推断，确定其决策的必要性。因为有必要决策的问题不一定都可以作为决策目标，如某企业急需改造一个项目，但资金需求较大，预计两年之内没有能力筹措资金，因此，不能列入计划。这说明这一决策事件暂时没有可行性，目前不应该作为决策的目标提出。

3. 分配权重

决策多标准的现象较为常见，各种判断标准之间存在潜在的冲突，人们需要区别各种标准在决策中的重要程度和影响决策的力量，最好的办法就是为每个标准赋予相应的权重来体现其影响决策的能力。例如，可以在决策中采用体操比赛中采用的比较打分制，首先给最重要的标准打 10 分，然后将其他标准与最重要的标准进行对比，进而确定其他标准的权重。

4．拟定方案

拟定方案有两个要点：方案必须有两个以上；每个方案都要经过技术经济的可行性分析。技术可行性分析解决“可不可能”，经济可行性分析解决“值不值得”。

这一阶段的工作实际上由以下两部分内容组成。一是收集有关资料和信息，即围绕确定了的决策目标来收集有关资料和信息。资料和信息的质量和水平决定决策方案的准确性和科学性。因此，在资料和信息的收集过程中，应注意它们与决策目标关系的密切程度和对决策目标的影响程度，并据此对资料进行认真筛选、整理和取舍。二是拟定备选方案。拟定备选方案是一项复杂细致的工作。要依据占有的资料和信息对拟定的每一个方案的收效和损失进行测算估计方案结果；对各个方案的机会和风险进行测量或估计；对每一个方案的可行性（包括资金、人员、资源、组织等）附文字说明，以供抉择时参考使用。

5．分析方案

利用步骤 2、步骤 3 所确定的决策标准及其权重，管理者可以较为准确地为每个方案评定分数，每个方案的优缺点就变得明显起来。分析方案是决策过程的关键环节。选择最优秀的方案必须对已拟定的数种备选方案进行认真分析，这个过程实际上也是对方案可行性的论证过程。除了采用适当的决策分析方法，还需要注意分析决策方案的必要性和比较经济效益。一般情况下，二者应该是统一的，但也不排除在一些特殊的情况下二者产生一定的矛盾，这时如何取舍则视企业的具体需要而定。

6．选择方案

从所有可行方案中选择最优方案，实质上是最满意的方案。因为任何决策问题都是对未来的决定，而依据的却是过去的数据与信息，所以决策依据信息与决策结果两方面处于不对称状态，决策所选择的最优方案只是根据现在掌握的信息推断的，未必能够做到与未来的实际情况完全吻合。学生报考大学，所有大学都是候选方案，如果学生要选择对于自己来说真正最好的大学报考，必须对每所候选大学都有透彻的了解，然后进行逐项比较，而事实上这是不可能的，所以学生选择报考的大学只是相对满意的。选择方案是决策中最关键的步骤，既然在之前的步骤已经确定了方案的比较，那么根据比较结果选择分值最高的方案就行了。

7．实施方案

实施方案是执行所选择的方案。在最近的商界中，对策划分析在行的管理者很多，能够充分执行的管理者却寥寥无几，这说明方案执行中的困难并非想象中的只要决策正确就行了。决策的实施和对过去抉择的评价活动可以视为决策过程的一个阶段，也可以视为决策过程的延续。选择决策方案后还需进一步形成有关的计划和预算，落实到有关部门和具体实施人员，规定期限。在实施过程中，还应对决策方案予以评价，检查执行过程中与期望结果是否有差异，及时反馈信息，不断地修正和调整。

8．评价效果

评价效果是非常容易被忽视的环节。对决策的评价，特别是实时跟踪评价能够很好地保证决策方案的成功实施，也能为其他决策提供经验与教训。

（三）决策的权变因素

1．非程序化决策

在考虑周末获得最愉快的娱乐休闲问题的同时，人们已经拟定出若干种娱乐休闲方案，问题的提出与方案的拟定已经混合模糊，完整的决策过程变得不那么清晰；进入高中分班的学生都有过艰难的文理科选择，学生的选择不能从个人的才能与兴趣出发，只能随波逐流选择文理分班方案，凭感觉和受环境左右的决策活动屡见不鲜。人们按照理想的决策过程进行决策并不现实，理想的决策过程是基于“管理决策是理性的”的假设，管理者能够在具体的约束条件下作出具有较大价值的选择。然而，决策过程受到相当多权变因素的影响与制约，最终决策的正确性与执行的效果与此有极大的关系。

2．组织决策影响因素

（1）个体。决策是一种思维心理活动，决策者的心理差异将体现在决策过程中，如感知问题的方式、价值观念、处理所获取的信息的能力、发掘备选方案的意愿强烈程度和风险承受态度等，其中感知问题的方式和价值观念对决策的影响似乎最大。决策管理理论的创立者西蒙研究表明，经验和直觉在关键性的非程序化决策中极为重要，价值观念对决策的影响体现在价值观念为管理者在决策前就确定立场（通俗讲是带上感情色彩），而不是以完全理性的态度分析判断每个方案，这可能导致管理者过滤掉较差的方案，也可能使管理者漏掉较好的方案。与个人决策对立的群体决策被许多管理者用来克服个人决策的弊端。

（2）群体。组织中有较多复杂且重大的决策问题，依靠管理者个人进行决策并不恰当，因此决策委员会的设立十分必要。研究表明，管理者会花 40% 以上的时间在召开会议上，这些时间用来确定问题、提出方案、选择方案和实施方案。因此，决策过程的八个步骤通常分别由不同的群体负责，群体决策现象在组织中较为普遍。群体决策的优越性显而易见，“集思广益”所带来的系统倍增效应可以弥补个人在知识、经验、时间和精力上的缺陷，同时使决策易于得到更多人的支持，降低方案实施的阻力与难度。然而，群体决策的缺点也是显而易见的，决策过程缓慢将耗费更多的时间，集体承担责任冲淡了单个成员应该负起的责任，还有不易觉察的因为职位、经验和心理等差异导致的成员在决策过程中的地位不完全平等，影响力强的少数成员支配了决策过程，以及从众心理导致的心理压力将排斥不同的意见（下级为迎合上级而屈从上级的观点）。

3. 改善群体决策

（1）德尔菲法。德尔菲法在很多地方被称为专家意见法，这种方式并不需要群体成员面对面，而是让成员独立进行决策，然后将初次决策的结果返还所有成员，让成员进行第二次独立决策，反复重复这样的过程直到所有成员的意见趋于一致才结束。但是，德尔菲法在需要当机立断的快速决策问题面前无能为力。

（2）电子会议。电子会议是将电脑网络与通信技术引入名义群体法中，进行异地远程虚拟（也可用在集体会议决策中）群体决策，匿名进行以确保每个成员不会受到群体的心理压力，能够真实表达自己的意见，而且十分便捷，减少时间的浪费和集中会议可能出现的闲聊与偏题等问题。

电子会议用于集体会议决策，通常是数十名参与决策的人员围坐在马蹄形的桌子旁，每个人员的桌上是连接在局域网上的计算机终端。会议主持者通过投影仪将问题显示给决策参与者，每人通过操作计算机终端表达他们的想法，最后计算机自动统计和汇总结果，并将结果投影在会议室内的屏幕上。

（四）决策方案的分析方法

在决策过程中分析方案是最困难的事情。决策问题可能处于三种状态，确定性、风险性、不确定性，不同状态决策中方案的选择方法有极大的差别。

1. 确定性决策

确定性决策通常以下列条件判断决策是否处于确定性状态：存在明确的目标、每个方案的结果是肯定而确知的。如此一来，管理者就可以做出精确而理想的决策。确定性决策时常引用的方法是量本利分析。

2. 风险性决策

风险性决策是更为接近实际状况的决策状态。通常以下列条件判断决策是否处于风险性状态：存在明确的目标、每个方案可能遭遇若干种约束条件变化，每种变化的概率和对每种方案的损益值影响是可以知晓的。

3. 不确定性决策

不确定性决策通常以下列条件判断决策是否处于不确定性状态：存在明确的目标、每个方案可能遭遇若干种约束条件变化，每种变化对每种方案的损益值影响是可以知晓的，但是每种变化的概率无法肯定。想要获得不确定性决策的有效结果相当困难，决策结果的好坏存在碰运气的特点。选择决策方案主要受决策者的心理导向（性格）影响。处理管理决策问题的思路：首先区分需要决策的问题属于哪种类型；其次从适用于该类决策问题的方法中筛选出最有效、低成本的方法；最后使用所选择的方法按照“最满意原则”找出决策结果。

第二节　组织与领导

一、组织

（一）组织的特点

（1）拥有一定数量的成员。

（2）具有相对明确的目标。

（3）具有相对固定的分工。

（4）具有相对稳定的规则。

（二）组织职能与计划的关系

1．计划职能是管理的首要职能

计划职能的作用是确定组织的目标、确定实现目标的路径和行动步骤。简而言之，计划职能主要解决以下几个问题：一是（组织）打算“奔”向哪里；二是（组织）选择“走”什么路线；三是（组织）分几“步”走。计划职能所形成的组织目标、战略路径是组织发展的核心内容，决定了组织后续发展的方向与内容。计划职能所形成的计划书是组织发展的纲领性文件，是后续管理工作的指导。

2．根据计划搭建组织

计划工作完成以后，就要根据计划中的各种目标要求进行工作任务整理、分类、组合，据此进行部门划分，并进而搭建起组织的“骨架”。

（三）组织设计的原则

1．任务和目标原则

组织的存在与发展是以任务和目标为核心的，每一个组织及其每一个部分都应当与其特定的任务和目标相关联，组织的调整、改造、合并或重组，都应以是否对实现其目标有利为衡量标准，没有任务、目标的组织是没有存在价值的。因此，在组织设计的过程中，首先需要明确组织的发展方向、经营战略等。其次为实现任务、目标而进行组织的设计。这时，就存在这样一些问题：需要办什么事？怎么办这些事？谁来办这些事？如何才能办好这些事？或者说，任务和目标原则是这样一个原则，它因任务、目标设事，以事为中心，因事建机构，因事设职位，因事配人员。

2．分工和协作的原则

分工与协作是密切联系在一起的，协作以分工为前提，分工必须建立在协作的基础上才有意义。分工不应过细，也不应过粗。协作是以明确各部门之间的关系为前提的，因为只有明确了这些关系才能比较容易地发现那些容易发生矛盾之处，并加以协调。

3．命令统一原则

组织设计的一个重要任务就是要提供可以实现统一领导、统一指挥的组织保障，实现命令统一，令行禁止。例如，在组织的每一个层级上只能有一个人负责，实行首长负责制。

4．集权与分权相结合的原则

分权的体制是与组织规范联系在一起的，只有在法律、规章等相对健全的情况下，才可能实现分权。但需注意，要避免任何破坏统一指挥的现象出现。

5．执行与监督机构分设的原理

随着环境的变化、组织自身的发展，在组织的运行中会出现新的矛盾，这些新矛盾也需要由监督机构及时发现和处理。总之，监督是任何一个组织都不可缺少的，而监督能否切实有效又取决于它有多大的独立性。因此，监督机构与执行机构需要分开设置。

二、领导

（一）领导者的特质

1．素质

领导者应具具有良好的操守修养和道德品质。

（1）正直诚实。开诚布公、诚实地进行沟通，对于任何一个领导者来说都是一个重要的素质。诚实的重要表现是“讲信用”，这意味着要在“说”与“做”之间保持一致，做到“言必信，行必果”。没有什么比“言行不一”更容易破坏领导的信誉了。虽然领导者在不同的时间或面对不同的人会有不同的角色，但一条贯穿多个角色背后不变的主线就是诚实。而诚实的核心是“做你自己”，这包括自我了解和自我展示。要想有效地领导他人，领导者必须先了解自己，并展示给他人：你是谁，你坚守什么，你能做什么，不能做什么。一定要让下属知道你要说什么，你要做什么，你的目的是什么。只有这样，整个团队才可能发挥出最大的效能。

（2）坦率。领导者必须坦诚待人，甚至不近人情。领导者必须把下属的真实表现告诉他们，必须面对面地告诉他们，而且要一遍又一遍地告诉他们。有时真相会让人感到痛苦，有时说出真相会引起不愉快的冲突，可改变人们的唯一途径就是用最明确的话告诉他们什么地方做错了。如果他们听不进去，那么他们就不适合这个团队。美国最成功的橄榄球教练之一，曾先后担任纽约巨人队、新英格兰爱国者队和纽约喷气机队三支职业橄榄球队主教练的比尔·帕斯尔斯说：“经过多年的实践我发现，人们终究喜欢直接坦率的方式。拥有一位讲话毫不含糊、坦诚相见的领导者，比拥有满嘴奉承或拐弯抹角的领导者要好得多。”

（3）勇气。领导者要有坚持真理的勇气，要有担当，而不是人云亦云、恐惧失败、向恶势力低头。如果出现了失误，只要不是有意为之，领导者就应尽量把责任往自己身上揽，让做事的人有安全感，这样才不至于打击下属工作的积极性和无限创新的热情。实际上，从来没有哪个领导者因为勇于承认错误而失去人心，反倒是推诿者最后将失去所有的信任。

领导者还应当公正、公私分明、积极乐观、豁达、自律。除此之外，领导者还应当有追求、有信念、有激情。领导者要有激情，并感染下属，使下属对所在的企业充满激情，使下属意识到他们所从事的不仅仅是一份工作。

2．能力

（1）文化塑造力。领导者的责任就是要塑造一种文化，创造一个环境，引导员工建立共同的价值观和企业理念。企业领导者要努力创造使广大员工充分发挥才能的环境。

（2）远见力。企业领导者应有远见卓识，能以清晰的视角看待未来以及企业的发展方向，要对形势的发展和趋向有超前的眼光和判断力。

（3）战略力。一个优秀的领导人应知道企业要往什么方向走，要能很好地把握企业今后发展的战略重点，要保持并增加企业竞争力来进行战略规划，以更好的产品、服务，更低的成本和更明智的方式对待市场和消费者。

（4）执行力。一个人对工作目标可能有很好的想法，但是如果这个人不根据好的想法采取行动，什么都不会发生。发展一个企业，很多时候不在乎一个人是不是有一个很好的想法，关键是如何将这个想法表现出来，此时领导力就显得尤为重要。事实上，战略并非难事，但要想把理想的战略转化为现实，领导者的角色就很重要了。

（5）创新力。作为一个领导者，当看到下属做出创新时，一定要给他回报。通过这种回报的方式，让整个组织认识到创新的重要性，鼓励整个企业当中有越来越多的创新。领导者需要在组织中树立起一些创新的榜样，并且加以褒扬，要不断地去强化这种强调能力的观念。

（6）移情力，即换位思考力。作为一个领导者，要记住自己的员工都是人，他们有七情六欲，会害怕，有需求，会感到不安全，需要别人的尊重和鼓励，希望自己的工作被认可并成为团队的一分子。这个团队拥有远大的前景、方向和目标。团队中的成员不是冷冰冰的机器，如果领导者只懂得管理机器，那么他不过是个技师罢了。领导者要学会倾听员工的诉说，理解他们的恐惧，善于发现他们的优点并予以表扬，在他们取得成绩时给予祝贺。

（7）人才运用力。领导者要敢于用能力比自己更强的人，只有这样组织才能不断发展壮大。如果领导者足够自信，就要希望身边的人比他还聪明，这样才能带领公司走向成功。一个领导者做得最糟糕的事情就是害怕有成就的人，害怕出色的人。出色的人是最重要的，作为领导者每天都要搜寻这些出色的人，因为他们可以使公司更加成功。

领导者还需要具有激励力、学习力、自省力、组织力、判断力、适应力、人才培养力、制度建设力等。

（二）领导艺术

领导者的工作效果主要取决于他们的领导艺术。领导艺术的内涵丰富，没有固定的程序和模式，是一门博大精深的学问。

1．科学决策的艺术

领导者凭借自己的知识、经验和敏锐的洞察力，抓住机遇，科学决策，这是领导艺术的重要表现之一。

2．用人的艺术

（1）领导者要掌握和运用激励理论。熟悉激励的基本理论，可以使领导者对如何带领员工努力工作有一个深入的认识。

（2）领导者要了解下属的需要。要做好激励工作，领导者必须了解激励对象的各种需要，以及每种需要的强烈程度和重要性程度，这样才能“对症下药”。

（3）领导者要正确激励下属。一是采用针对性激励。领导者应善于掌握下属不同的优势需要，有针对性地加以激励。二是满足下属的尊重需要。由于下属一般关注自己在组织中的重要性及责任，领导者要通过各种形式多听取下属的意见，并说明下属的工作对组织的重要性，从而满足下属的需要。三是多鼓励、少惩罚。下属不可能没有失误，重要的是如何使他们在失误之后吸取教训并有所提高。领导者可以对下属的行为结果进行奖赏或惩罚，从而鼓励或修正其行为。四是目标激励。领导者要向下属详细说明企业目标何在，正在做什么，给下属以希望。

3．沟通的艺术

（1）沟通的内涵。沟通是指信息或想法的传递过程，是把组织的活动统一起来的手段，也是改变行为、实现变革、使信息发挥积极作用和达到目标的手段。在实际工作中，良好的沟通必不可少，它能最大限度地化解工作中的矛盾，了解组织内部和组织外部与管理工作有关的各种信息或想法。可以说，组织的整个管理工作都与沟通有关。无论个人之间还是组织之间，沟通都是十分重要的。沟通是一个复杂的过程，一个完整的沟通过程需具备八个基本要素：发送者、信息、编码、通道、译码、接收者、反馈和噪声。简单地说，沟通就是由信息发送者发出信息，通过一定的信息渠道，向信息接收者传递信息的过程。

（2）有效沟通的障碍。在沟通过程中，由于受各种因素的影响，信息失真和被曲解的现象经常发生，致使信息传递不能正常发挥作用。常见的沟通障碍主要有与组织有关的沟通障碍，如地位的差异，人的地位不同可能会影响沟通，因为信息接收者不但判断信息，同时也评判发送者本身。一般来说，发送者的层次越高，信息越容易为接收者所接受。二是与沟通者有关的沟通障碍，如未经澄清的假设、语义曲解、表达不清、缺乏适应变化的时间等。

（3）有效沟通的技巧。清除沟通中的障碍一般可采用以下几项技巧：正确对待沟通、运用反馈机制、力求表达清楚、能够积极倾听、注意抑制情绪、拓宽沟通渠道。

第三节　控制与创新

一、控制的含义

控制职能的含义分为广义和狭义两种。广义的控制与计划是相对的，是指除计划外的所有保证计划实现的管理行为，包括监督、测量、调节甚至组织、领导等。从狭义上来理解，则将控制作为管理的四项职能之一，是指把组织运行的实际情况与预先确定的标准进行比较并找出偏差，分析原因，然后采取一定的措施纠正偏差，或根据环境的变化对标准做适当的调整，使其更符合实际的过程。控制是组织全体成员的职责，并非只有管理者才需要进行，如质量管理中提倡的操作者自我检验所制造的产品，就是非管理者在进行控制。控制从技术角度还可分为技术型控制与管理型控制，技术型控制通过技术手段实现控制目的，管理型控制通过组织手段实现控制目的。

二、实施控制的必要性

（一）任何组织活动都需要控制

组织所处的环境是一个复杂多变的环境，在组织实现目标和计划的过程中，各种环境因素都可能发生变化，如经济政策、技术条件、消费者心理、供应条件、竞争者竞争策略等，这将可能给组织的生存和发展带来不同的影响。有时带给组织更多的机遇，有时会使得组织面临更多的挑战，甚至使得组织原来建立的目标和制订的计划无法执行和实现。所以，组织必须建立一个控制系统帮助管理者监测各种变化，调整组织活动以实现组织目标。另外，当今的组织特点越来越复杂，这使得组织为了保证各方的协调，既需要事前周密的计划，更需要有严密的控制系统来对组织的活动进行监测和调整。

（二）任何管理职能作用的发挥都需要控制

控制是其他各项职能的必要保证，各项管理职能都与控制紧密联系，离开了控制职能，各项职能都可能流于形式，难以达到实效。如果没有控制系统，没有实际与计划的比较，就不知道计划是否完成，计划也就毫无意义。

三、控制的方法与技术

（一）传统的预算控制方法

预算的形式是以收支预算为基础编制的预算，它是组织在预算期内所需要的现金的详细说明。资本支出预算是未来时期对厂房机器和存货等一些项目的资本支出的详细计划，它是一种长期预算。除了编制以货币形式表示的预算，在不少情况下无法用货币形式加以表示，这时用非货币的实物形式来进行编制预算，这种形式的预算叫作非货币预算。

预算可以帮助管理者控制组织运行的整体情况，合理地安排资源的使用，可以利用其对组织的各部门工作进行评价，同时也有利于约束组织成员的各种行为，特别是涉及资金方面。同时，预算也存在一定的局限性。

预算的编制是基于一定内外部条件的，而环境在不断变化，在这个过程中会使得原先设定的一些预算变得不合时宜。同时，预算只能帮助组织控制那些容易计量，特别是能够用货币进行计量的业务活动，而对于那些虽然不能计量但是很重要的问题无法利用预算来实现控制，如企业文化和企业活力的改善等。另外，预算的存在在一定程度上限制了相关人员工作的费用，使得这些人可能无法充分发挥其工作能力，实现较好的业绩。同时，预算在编制时，总有一定的参照对象、行业的标准或者是企业去年的标准，而这些标准是否合理，是值得商榷的，从而可能也会影响组织的工作绩效的实现。

（二）非预算控制方法

由于预算存在一定的缺陷，在组织中还需要运用其他的方法予以补充等。例如，经济分析方法是利用管理经济学和管理会计所提供的一些专门方法和技术对实际运行进行经济分析，是控制的一种重要方法，而其中盈亏平衡分析和比率分析是常用的方法。

四、控制过程

（一）建立标准

标准是控制的前提、依据和尺度，通常标准是来自计划中的目标。由于目标一般是多重的，需要将目标分解为系列指标。在实行管理层收购的计划活动中，目标是明确、可度量和可证实的，标准也就是明确、可度量和可证实的。在没有采用管理层收购的计划活动中，标准来自需要被强制执行的公开的标准，或者是管理者自行决定的衡量指标（诸如员工满意程度）。

1. 标准来源

随着顾客需要和期望的变化，组织的测量标准也必须进行改变。

（1）顾客服务。可以使用答复卡、问卷调查及电子数据交换等，但是在评估顾客服务时，应避免使用太多标准，不要使用那些结合几种因素的标准。

（2）流程时间。制造流程的时间可以测量，也可以通过取样或推断确定。许多世界一流企业从不跟踪有关流程的细节，因为这样做是浪费时间，或是一种非增值活动。可以通过一些标准来测量企业的服务和支持流程。创新的测量标准因企业或市场而不同：能提供许多种产品的企业可以不断测量企业推出新产品的速度；而能提供较少产品的企业则可以测量其产品上市的时间。

（3）生产率。测量生产率的最好方法是确定企业每名员工所提供产品或服务的数量。理想的做法应包括企业内所有人员，即生产人员、销售人员、行政人员和经理人。然而这是无法经常做到的，因为那些间接参与生产的人员或许在为具有多来源的产品工作，或者他们在另一家工厂工作，企业很难将他们归入某一具体的产品工作范围。多数企业将大量“直接”和“间接”员工包括进来，以此作为一种测量企业总生产率的标准。这些企业的做法是将产品按不同用途分类，对每一类采用简单直接的测量标准。

（4）质量。质量的测量可以从供应商开始。对来料的质量进行测量，可以使企业对供应商的质量作出报告。不过不能做得过火，因为这是非增值活动。如此做的目的是保证每个供应商准时提供达到标准的配件和原材料。具有合格供应商的比率或合格供应商所提供原料的比率标准常常对企业很有帮助。制造质量几乎总是可以按照每千件或百万件产品中的废品量来测量。这种质量测量标准直接易懂。另外一种方法是测量采用数据流程控制的流程数量和“人工控制”的流程数量。顾客满意度不仅测量产品质量，也测量顾客服务的质量。

2. 制定标准应满足的要求

制定标准应满足的要求：使控制便于对各部门工作进行衡量，应该有利于组织目标的实现；应与未来发展相结合；尽可能体现出公平、一视同仁；应是经过努力后可以达到；应具有一定的弹性和一定的适应性。

（二）衡量实际绩效

衡量实际绩效的具体内容是根据标准来寻找对应的实际情况，如衡量实际绩效的内容应该包括员工总人数和实际准时上班人数等信息数据统计。由此也可以看到，衡量实际绩效是建立在信息基础上的。控制对信息的要求应符合及时性、可靠性、适用性（尽可能简便又满足要求）原则。

衡量实际绩效有几种方式：一是个人观察，这是最直接和最深入的，可以获得广泛的信息，真实的细节观察能够保证管理者不会忽略员工的表情、语调等细微信息，只是所花费的时间比较多，也比较琐碎；二是统计报告，现在被越来越多的管理者依赖，能够在原始信息基础上利用直观的图表显示出各种数据的关联性，但是也存在容易忽视部分信息的弊端；三是口头汇报，它的具体形式——会议和谈话是司空见惯的，真实、可靠、及时是其优点，但是不易保存记录和重复使用，好在现在电子技术的进步已经可以比较好地解决存储问题；四是书面报告，是最为正式的信息，形式多样且内容全面，保存和查询极为方便，但形成完整信息的时间比较长，可能导致信息时效性下降。

建立实时获取实际绩效的信息管理系统是未来衡量实际绩效的最必要选择，具有快速、准确的特点，确保管理者能够及时采取相应的管理行动。有了标准和实际绩效，只要进行比较就能够发现活动是否存在偏差。

（三）采取管理行动

当偏差发生的时候，管理者最容易想到的是改进实际绩效，事实证明，大多数情况的确如此。管理者的行动有两种选择：及时纠正行动和彻底纠正行动。及时纠正行动是立即将出现偏差的活动纠正到标准允许范围内，是针对偏差结果采取的行动。彻底纠正行动则事先分析产生偏差的原因，针对偏差原因采取行动，相当于系统性的改进。二者相当于消防队员在火灾发生时，是只去扑灭大火还是在扑灭大火后消除产生大火的故障。通常管理者会以时间为借口放弃彻底纠正行动，毕竟彻底纠正行动要花费更多的时间，涉及更为广泛的部门和人员，总之会有更多“自找”的麻烦。

产生偏差并不完全是实际绩效的问题，也有可能是标准制定存在问题，过高或过低的标准都是无益的。过高标准导致实际绩效与此差距过大，员工将会抱怨标准的不合理。管理者应该对标准有深刻的认识，如果标准是现实的就必须坚持，否则还是及时修订标准更好。

五、控制类型

控制可以在活动开始之前、进行当中、完成以后进行，由此划分出三种类型的控制：前馈控制、同步控制和反馈控制。

（一）前馈控制

防范学生作弊应该是比较典型的前馈控制案例，规章制度的制定基本上也可以认为是前馈控制，还有通过分析投资回收期和投资回报率评估投资决策也属于前馈控制类型。前馈控制是管理者最渴望采用的理想控制类型，能够在偏差出现之前进行预防（防患于未然），避免预期的问题出现。前馈控制是针对活动的资源进行控制，不针对人，十分容易被接受并实施。

前馈控制是防止问题发生，因此，需要极为准确的预测，而这通常是难以做到的。况且在管理中只有连续不断地进行预防控制才会有效，容易产生麻木心理状态，从而失去对可能产生问题的警觉。因此，实际上更为常用的是另外两种控制类型。

（二）同步控制

许多收视率高居榜首的电视连续剧采取非常独特的拍摄方式，导演在拿到整个剧情的故事大纲和前几集的剧本后，立刻投入拍摄。电视台则将拍摄出来的前几集进行播放，测定电视连续剧的观众收视率，再根据观众的评判对后续剧本进行调整，增加观众喜欢的人物和情节，压缩甚至删除观众冷淡的人物和情节，以提高整个电视连续剧的收视率。因此，整个电视连续剧的拍摄是在一个循环的动态环境中进行的，其实质就是借鉴同步控制思想，最终实现较高的收视率。

同步控制是在活动进行当中实时控制。同步控制的优越性是显著的，但是信息实时收集与实际绩效的实时衡量比较困难，实时监督的技术难度比较大。管理者的反应与纠正行动的发生依然存在延迟，尽管非常短暂。现在可以建立电脑网络系统，利用技术的进步带来的优势真正做到同步控制。例如，连锁超级市场采用自动收款机（POS），每笔销售都通过联网电脑传输到中心电脑上，进行实时的统计汇总与分析，管理者可以在每天早上上班时看到前一天整个连锁超级市场的销售情况，可以立即做出进货、铺货等控制“指令”。

（三）反馈控制

产品售后服务就是极为典型的反馈控制，是所有管理者都熟悉和明白的控制类型。反馈控制利用最终结果进行控制，特点是管理者获得信息时偏差已经发生，而且损失可能也已经产生了。控制需要将更多的精力与投入集中在对组织目标实现影响最大的关键绩效领域。控制在许多时候总是集中在人员、财务、作业、信息与组织总体绩效上，也就形成了控制的重点（关键绩效领域）——控制点。人因具有独立的思想意识而有别于组织中的其他所有资源，成为最难控制的对象。组织对人的控制分散在许多方面，主要由人力资源部门来统领。常见的人员行为控制手段有对应聘者的甄别、分解目标给个人、职务设计、定向、监督、培训、绩效评估、报酬、组织文化与规章制度。

鉴于组织中的各种资源有各自的度量单位，为了统一比较需要将所有资源折合成通用的度量单位，因此，货币成为最好的选择，组织内与此相伴的就是财务指标。通过财务指标的建立、执行、反馈，调节组织内部的所有行为，确保组织目标（以财务方面的指标为主）的实现。组织目标的实现通过分解为成千上万个任务来进行，每个任务由作业来承担，在企业组织中主要体现在生产活动方面。信息越来越成为管理赖以依存的条件，众多决策的正确性都建立其上。确保信息的及时、准确和全面应该是信息控制的要求。组织绩效则是通过组织目标法、系统方法和战略伙伴法三种方式加以衡量。组织目标法是以组织最终完成目标的结果来衡量其效果，而不管实现目标的过程与手段。但是，它是基于组织会认真地争取每个目标的实现这样的假设，才放弃对过程的控制。系统方法将组织视为由输入转换和输出构成的完整系统，因此可以从获得输入的能力、处理输入的资源的能力、产生输出的能力等角度来进行衡量，着眼于防止管理者牺牲长远利益换取短暂的眼前利益。战略伙伴法是假设组织能够满足组织顾客群体的各种要求，并且获得顾客群的支持，从而保持组织的生存与发展，非常适用在非企业性质的组织中。

六、技术创新战略要解决的问题

企业的技术创新战略要解决以下四个问题：一是应研究开发何种技术；二是应在哪一领域寻找技术领先地位；三是以何种方式进行技术转让；四是以何种方式进行技术创新合作。

七、导致技术创新的因素

一是意外的成功或失败。需要努力搞清并回答这样几个问题：究竟发生了什么变化，为什么会发生这样的变化，这种变化会将企业引向何方。二是企业内外的不协调。三是过程改进的需要。四是行业和市场结构的变化。五是观念的改变。

八、有效控制的原则

控制应当反映组织结构类型和状况，并运用健全的组织结构来给予保障。控制应具有客观性、精确性和具体性的特点。这是对控制过程中实际绩效信息的获取要求，在此基础上进行的控制后续阶段才是正确和有价值的，否则徒增烦恼。控制应具有及时性、灵活性和经济性。

控制应当突出重点，强调例外。控制不可能面面俱到，从成本角度考虑这样做也不够经济，需要找出最能体现绩效的关键因素加以控制。在组织计划的执行中出现例外情况是难以避免的，因此控制手段的使用要考虑例外情况，这样可以保证管理者在例外情况出现时不至于不知所措。

此外，控制越来越借助技术手段提高精确度和效率，降低人为因素对控制结果造成的不确定性影响。控制是每个管理者的职责。来源于计划的控制标准是计划人员制定的，衡量绩效和比较绩效的工作可能是由财务人员、统计人员和销售人员来完成，采取纠正行动则要由管理者来决定。甚至在自我管理程度较高的组织，不同操作人员在某种程度上也要承担控制职责，如采用自检与互检制度进行质量控制的企业，员工需要对提供给下一道工序的零部件质量负责，员工自己就要进行工序质量控制，完成简单的控制过程。通常在组织编制预算时，按照预算期间内可以预见的若干种内外环境状况，分别对应编制预算方案，然后选择其中某种预算为执行预算，其余为后备预算。当执行期间发生内外环境变化，超出正在执行的这份预算范围，立刻针对新的环境条件，从后备预算中启动最为接近的预算方案。

此外，还可以在预算编制过程中采用滚动思想，每次同时编制若干个计划期的预算方案，按照“远粗近细”原则进行。每次执行单个计划期的预算，然后根据执行结果调整后续计划期的预算方案，另外再补充新计划期的预算方案，以滚动方式进行预算编制与执行。概率预算是在后备预算方式基础上的发展，通过预测推算预算期间内可以预见的若干种内外环境状况的实现概率，然后利用内外环境状况的实现概率作为权数，对后备预算的预算数据进行加权，求解出预算期望值，最后将所有备用预算方案合并为单独的预算方案，执行的是合并调整后的唯一预算方案。

第三章 战略管理

第一节 战略管理概述

一、企业战略的内涵

战略作为一个军事概念，已是相当古老的名词了。但是，“战略”一词被运用于经济和社会领域，还是一个新颖的概念。“战略”一词与企业联系在一起并得到广泛应用的时间并不长。企业战略最初出现在西方经营学者巴纳德的《经理人员的职能》一书中，以说明企业组织决策机制，从企业的各种要素中产生了“战略”因素的构想。1965 年美国经济学家安索夫的著作《企业战略论》问世，此后企业战略被广泛应用于企业、经济、教育和科研等领域。

什么是企业战略？目前没有一个统一的定义，不同的学者与管理人员赋予企业战略以不同的含义。有的认为，企业战略应包括企业的目的或目标，即广义的企业战略；有的则认为，企业战略不应包括这一内容，即狭义的企业战略。

企业战略是一个企业充分把握外部环境，清楚地认识自身的业务能力和可利用资源，在此基础上做出的关于企业未来定位、走向和结构的谋略与规划。战略的制定过程是对环境变迁的反应，是企业把握环境机遇、避免环境变化带来的威胁、寻求企业成长的过程。

二、企业战略管理过程

战略管理的过程一般由战略制定、战略实施和战略评价三部分构成，通常称为战略管理三部曲。

（一）战略制定

战略制定是指企业在确定自身使命的基础上根据对外部环境和内部条件的分析，提出可供选择的战略方案，然后在综合考虑各种方案优劣的前提下，运用一定的方法选择出相对满意的战略方案。战略实施的成本和战略影响的持久性是需要重点考虑的问题。

（二）战略实施

战略实施是在战略制定之后，将选择的战略方案付诸企业经营者的实践。这是战略管理过程中难度最大的阶段。

（三）战略评价

战略评价可以促使战略实施不偏离战略制定的轨道，使企业最终能够实现既定的战略目标。战略评价一般着重考虑评价和标准，以及评价系统的有效性问题。

第二节　战略环境分析

一、宏观环境分析

构成企业宏观环境的因素有很多。宏观环境因素分析主要是确认和评价政治、经济、社会文化、科技等因素对企业战略目标和战略选择的影响。

（一）政治环境因素分析

政治环境因素是指对企业经营活动具有现实的或潜在的作用与影响的政治力量、政治制度、体制、方针政策，同时也包括对企业经营活动加以限制和要求的法律和法规等。这些因素常常制约、影响企业的经营行为，尤其是影响企业较长期的投资行为。

1．政治环境因素分析的内容

具体来说，政治环境因素包括以下内容：

（1）企业所在地区和国家的政局稳定状况。

（2）执政党所要推行的基本政策的连续性和稳定性。政府通过各种法律、政策保护消费者，保护环境，调整产业结构，引导投资方向。

（3）政府对企业行为的影响。作为供应者，政府拥有无法比拟的自然资源、土地和国家储备等，它的决定与偏好极大地影响着一些企业的战略；作为购买者，政府很容易培育、维持、增强、消除许多市场机会。

（4）法律对企业的影响。法律是政府用来管理企业的一种手段，一些政治行为对企业行为有直接的影响。一般来说，政府主要是通过制定法律和法规间接影响企业的活动。法律制度对企业的管理行为有着不同的要求，针对企业管理的法律政策很多，这些法律政策的主要目的有四个：一是反对不正当竞争，保护企业利益；二是反对不正当商业活动，保护消费者权益；三是保护社会整体利益不受损害；四是促进整个社会经济全面发展。

（5）各种政治利益集团对企业活动产生影响。一方面，这些集团会通过代表发挥自己的影响，政府的决策会去适应这些力量；另一方面，这些集团也可以对企业施加影响，如诉诸法律、利用传播媒介等。因此，企业必须花费时间、财力与各种利益集团交涉。

2. 政治环境因素对企业影响的特点

政治环境因素直接影响着某些商品的生产和销售，对企业的影响具有刚性约束的特征，是保障企业生产经营活动的基本条件。

（二）经济环境因素分析

经济环境因素是指一个国家或地区的经济制度、经济结构、物质资源状况、经济发展水平、消费结构与消费水平，以及未来的发展趋势等状况。经济环境因素对企业生产经营的影响更为直接、具体。

1. 企业的经济环境的构成

企业的经济环境主要由社会经济结构、经济发展水平、经济体制、宏观经济政策、社会购买力、消费者收入水平和支出模式、消费者储蓄和信贷等要素构成。

（1）社会经济结构是指国民经济中不同的经济成分、不同的产业部门，以及社会再生产各方面在组成国民经济整体时相互的适应性、量的比例及排列关联的状况。社会经济结构主要包括产业结构、分配结构、交换结构、消费结构、技术结构等五个方面，其中最重要的是产业结构。

（2）经济发展水平是指一个国家经济发展的规模、速度和所达到的水准。反映一个国家经济发展水平的常用指标有国内生产总值、国民收入、人均国民收入、经济发展速度和经济增长速度。

（3）经济体制是指国家经济组织的形式。经济体制规定了国家与企业、企业与企业、企业与各经济部门的关系，并通过一定的管理手段和方法调控或影响社会经济流动的范围、内容和方式等。

（4）宏观经济政策是指国家、政党制定的一定时期内国家经济发展目标实现的战略和策略，它包括综合性的全国经济发展战略和产业政策、国民收入分配政策、价格政策、物资流通政策、金融货币政策、劳动工资政策和对外贸易政策等。

（5）社会购买力是指一定时期内社会各方面用于购买产品的货币支付能力。国民收入的使用主要由消费和积累两部分构成。其中，消费部分又分为个人消费和社会消费。前者形成居民购买力，后者形成社会集团购买力。市场规模归根结底取决于购买力的大小。调查社会购买力水平，要注意国家经济政策和分配政策带来的居民购买力的变化和不同地区居民货币收入的变动情况。

（6）消费者支出模式最终取决于消费者的收入水平。随着消费者人均收入的增加，消费者用于购买食品方面的支出比重会有所下降，而用于服装、交通、娱乐、卫生保健等方面的支出比重会上升。调查消费者支出模式，除要考虑消费者收入水平外，还要考虑不同国家、地区的生活习惯、价值观念，以及家庭生命周期的不同阶段等因素。

（7）消费者储蓄的最终目的是消费，它来源于消费者货币收入。但在一定时期内，消费者储蓄水平直接影响消费者的本期货币支出和潜在购买力水平。所以，消费者储蓄的增减变动会引起市场需求规模和结构的变动，从而对企业的营销活动产生影响。调查消费者储蓄情况，应注意政策变动、利率变动、通货膨胀水平等因素的影响。

2. 反映宏观经济运行状况的指标

宏观经济运行状况可通过一系列的指标来反映，如经济增长率、利息率、通货膨胀率、汇率等。

（1）经济增长率是宏观经济环境的基础。因此，企业主要应当了解国民经济目前处于什么阶段，是产业结构调整时期、经济低速增长时期还是高速增长时期，并具体分析有关的经济指标，如国内生产总值、国民收入、国家预算收入的水平及其分配的状况等。一般来说，国内生产总值增长速度较快，居民用于个人消费的支出相应增加，从而提供了开辟新市场或开办新企业的机遇。反之，居民个人消费会有所减少，不利于经济的增长。

（2）利息率对企业的影响可从两个角度看。一方面，利息率直接影响企业的销售市场状况。较低的长期利息率对零售业十分有利，因为它意味着鼓励居民的短期消费；而较高的长期利息率对建筑业或汽车制造业有利，因为它鼓励居民购买长期耐用消费品。另一方面，利息率还会直接影响企业的战略抉择。一般来说，利息率低有利于企业实施兼并战略，利息率高则不利于企业采用积极进取的增长战略。

（3）通货膨胀率对企业影响较大。对大多数企业而言，较高的通货膨胀率是一个不利因素，高通货膨胀率导致了企业经营的各种成本（如购买原料费用、劳务费用、工资等）相应增加。同时，长期的通货膨胀率既抑制企业的发展，又会促使政府采取放慢增长速度的紧缩政策，导致整个宏观经济环境不利于某些企业发展。较高的通货膨胀率对某些企业也可能是一种机遇。

（4）汇率是一国货币购买力的表现形式。在国际市场上，它直接影响企业成本，进而影响企业国际战略的制定。一般而言，如果本国货币购买力较高，企业将乐意购买外国的产品与原材料，或到外国投资，开办独资企业或合营企业。反之，如果本国货币购买力较低，则会降低企业到海外投资、贸易或开发新市场的热情。

另外，在经济环境因素中还包括居民收入因素（可进一步细分为名义收入、实际收入、可支配收入及可随意支配收入等）、消费支出模式和生活费用、经济体制、金融制度等。

企业的经济环境因素分析就是要对以上的各个要素进行分析，运用各种指标准确地分析宏观经济环境对企业的影响，从而制定正确的企业经营战略。

二、微观环境分析

企业微观环境主要包括产业环境和市场环境两个方面。产业生命周期、产业结构、市场结构与竞争、市场需求状况、产业内的战略群体和成功关键因素分析都是微观环境分析的重要内容。

（一）产业生命周期

产业的生命周期是指从行业出现直到行业完全退出社会经济活动所经历的时间。产业发展周期主要包括初创阶段（也称幼稚期）、成长期、成熟期和衰退期。只有了解产业目前所处的生命周期阶段，才能决定企业在某一产业中应采取何种策略，才能进行正确的投资决策，对企业在多个产业领域的业务进行合理组合，提高整体盈利水平。

（二）产业结构

某一行业中的企业盈利与否及盈利多少一般取决于两个基本因素：一是所处行业的盈利潜力，又称行业吸引力。二是其在行业中的地位。一般来说，一个行业的盈利潜力并非由其产品外观或该产品技术含量的高低决定，而由其内在的经济结构或竞争力决定。

美国哈佛大学商学院教授波特指出，一个行业的竞争远不止现有竞争对手之间的竞争，而是存在着五种基本的竞争力量——新加入者的威胁、替代品的威胁、购买商讨价还价的能力、供应商讨价还价的能力和行业内企业的竞争。这五种基本竞争力量的状况及其综合强度，决定着行业的竞争激烈程度，同时也决定着该行业的盈利潜力。

（三）市场结构与竞争

经济学家对市场结构进行了分类，即完全竞争、垄断竞争、寡头垄断和完全垄断四种市场结构，这有助于对市场竞争性质进行正确估计。

（四）市场需求状况

可以从市场需求的决定因素和需求价格弹性两个角度分析市场需求。人口、购买力和购买欲望决定着市场需求的规模，其中生产企业可以把握的因素是消费者的购买欲望，而产品的价格、差异化程度、促销手段、消费者偏好等影响着购买欲望。影响产品需求价格弹性的主要因素有产品的可替代程度、产品对消费者的重要程度、购买者在该产品上的支出占总支出的比重、购买者转换到替代品的成本、购买者对商品的认知程度，以及对产品互补品的使用状况等。

（五）产业内的战略群体

确定产业内所有竞争对手的战略各方面的特征是产业分析的一个重要方面。一个战略群体是指某一个产业中在某一方面采取相同或相似战略的各企业组成的集团。战略群体分析有助于企业了解自己的相对战略地位和企业战略变化可能产生的竞争性影响，使企业更好地了解战略群体竞争状况，了解战略群体内企业竞争的主要着眼点，预测市场变化和发展战略机会。

（六）成功关键因素

作为企业在特定市场获得盈利必须拥有的技能和资产，成功关键因素可能是一种价格优势、资本结构或组合，以及纵向一体化的行业结构。不同产业的成功关键因素存在很大差异，同时随着产品生命周期的演变，成功关键因素也会发生变化，即使是同一产业中的各个企业，也可能对该产业中的关键因素有不同侧重。

三、战略环境分析方法

企业战略环境分析的方法有很多，如 SWOT 分析法、外部因素评价矩阵（EFE）、内部因素评价矩阵（IFE）等，本部分仅介绍 SWOT 分析法。

SWOT 分析法又称为态势分析法，它是 20 世纪 80 年代初被提出来的一种能够较客观而准确地分析和研究一个单位现实情况的方法。SWOT 四个英文字母分别代表优势（Strengths）、劣势（Weaknesses）、机会

（Opportunities）和威胁（Threats）。从整体上看，SWOT 可以分为两部分：第一部分为 SW，主要用来分析内部条件；第二部分为 OT，主要用来分析外部条件。利用这种方法可以从中找出对自己有利的、值得保持的因素，以及对自己不利的、要避开的风险，发现存在的问题，找出解决办法并明确以后的发展方向。

进行 SWOT 分析时，主要有以下三个步骤。

（一）分析环境因素

运用各种调查研究方法，分析公司所处的各种环境因素，即外部环境因素和内部环境因素。外部环境因素包括机会因素和威胁因素，属于客观因素；内部环境因素包括优势因素和劣势因素，它们是公司在其发展中自身存在的积极和消极因素，属主观因素。

（二）构造 SWOT 矩阵

将调查得出的各种因素根据轻重缓急或影响程度等排序，构造 SWOT 矩阵。在此过程中，将那些对公司发展有直接的、重要的、迫切的、久远的影响因素优先排列出来，而将那些间接的、次要的、不急的、短暂的影响因素排列在后面。

（三）制订行动计划

在完成环境因素分析和 SWOT 矩阵的构造后，便可以制订相应的行动计划。制订计划的基本思路是发挥优势因素，克服劣势因素，利用机会因素，化解威胁因素。运用系统分析的方法，将各种环境因素相互匹配起来并加以组合，得出一系列公司未来发展的可选择对策。

第三节　战略类型与选择

制定战略是战略管理的核心部分，它在战略分析的基础上来完成。企业战略类型多样、形式各异，各个企业都有一套适合企业自身条件与所处环境及发展要求的独特的战略体系。对于企业来说，达成战略目标的战略方案可能有多个，战略决策者就必须对这些战略方案进行评价和比较，从中选择最合适的战略。

一、企业总体战略

企业总体战略是指企业业务发展的方向。企业业务发展的方向本质上体现了企业资源配置的方向与模式。企业总体战略可以划分为稳定型战略、发展型战略和紧缩型战略三种类型。

（一）稳定型战略

稳定型战略是指企业不改变其生产性质、主要产品和为社会提供的服务，在一定时期内企业也并不准备扩大生产规模的一种战略，其核心主要是企业现有生产条件下的经济效益。它的优点是风险小，失败的可能性也小，企业的内部经营机制得到完善，企业的产品结构、组织结构及其他各项工作合理化，可以提高企业对外界环境变化的应变能力及抗干扰能力；缺点主要是长期采用此战略，企业发展缓慢，在稳定型战略实施中，企业领导者往往把眼光放在企业内部结构调整上，而容易忽略企业外部环境的变化及提供的机遇，在当今行业竞争激烈的市场中也容易被竞争者击败。

（二）发展型战略

发展型战略是企业在现有基础水平上向更高一级的方向发展的战略。它是指企业扩大生产规模，并在保持原有主要产品的同时，增加新的产品的生产，挖掘企业的潜力，提高销售量，扩大市场占有率，降低成本，提高盈利能力，超过竞争对手，使经济技术指标超过或达到同行业的先进水平，在提高产品质量、降低物耗、增加经济效益上有大幅度改进的一种战略。其核心是发展壮大。企业为了发展，就必须采取发展型战略。采用发展型战略面临的风险较大，管理者也缺乏对扩大后的企业进行良好管理的经验。

1．一元化战略

一元化战略是指专业化战略。传统理论认为一元化战略是一种存在较大风险的投资与经营战略，其原因就在于特定产业与市场的容量有限，产业的发展有其周期性。相应地，企业集团的发展也将随之陷入不良的周期性波动。但实际上，一些采用专业化战略的企业集团不仅没有陷入不良的周期性波动，反而在市场竞争中的优势日益强化。

2. 一体化战略

一体化战略是指企业充分利用自己在产品、技术、市场上的优势，根据产业或者企业价值链从原材料（甚至从技术开发）到最终产品销售和售后服务等环节使企业不断地向深度和广度发展的一种战略。一体化战略主要包含三种类型：业务向原材料生产方向扩展称为后向一体化；业务向销售方向扩展称为前向一体化；将价值链中的某一个环节扩展、做大称为水平一体化。同时，前向一体化与后向一体化又统称为纵向一体化，而水平一体化又称为横向一体化。一体化战略是企业的一个非常重要的成长战略，它有利于深化专业分工协作，提高资源的利用深度和综合利用效率。

3. 多元化战略

多元化战略又称多角化战略或多样化战略，是指企业同时从事两项或两项以上业务的战略。采取多元化战略一方面是来自企业扩张的需要，另一方面是来自企业分散风险的动机。企业的多元化战略有两种类型：相关多元化与非相关多元化。

（1）相关多元化是指公司即将进入的业务领域与现在正开展的各项业务之间有着明显的关联关系，如相似的技术、共同的市场和分销渠道、共同的生产流程、共同采购等这些相关业务之间的价值活动能够实现有效共享。宝洁公司是相关多元化最为成功的代表，尽管宝洁公司涉足的产品包括食品、保健品、宠物食品、清洁剂、口腔护理系列、洗发用品系列、纸品系列等，它们有着不同的竞争者和生产要求，看起来似乎互不相关，但这些产品几乎都使用同样的分销渠道，在同样的零售网络销售，采用同样的市场营销方式，卖给同样的顾客。

（2）非相关多元化则是指进入与现有行业和业务完全不同的领域开展经营，即在企业中增加新的产品或事业部，但这些新增加的产品或事业部与企业原有产品或事业部几乎毫不相关，不存在什么关联关系。通用电气公司是非相关多元化的典型代表，它所涉足的行业多达 12 种，从飞机发动机到医疗器材，从工业塑料到发电设备，从新闻电视到金融服务，从照明到保险，无所不包，而且这些业务之间几乎完全相关，但可贵的是通用电气公司在其所经营的各个领域都获得了巨大的成功，均保持着行业前三的位置。

海尔的多元化战略是相关多元化向非相关多元化发展，其所依赖的核心竞争能力也有一条清晰的脉络，即技术研发能力—核心业务夯实的品牌效应—销售渠道—管理、创新能力。特别是海尔的企业文化和管理创新能力，是在不相关领域发展业务最重要的能力。海尔的相关多元化道路一直被人们认为是非常成功的。海尔通过冰箱的专业化完成了名牌化战略，然后利用品牌优势和强大的营销服务网络，逐步地开始从冰箱做到白色家电，接着从白色家电到黑色家电，最后到米色家电，最终成就了其家电王国。然而，当海尔从 1995 年起开始其非相关多元化道路后，它的发展受到了人们的质疑。海尔的非相关多元化战略使其从家居用品到手机，从生物制药到物流，从餐饮业到金融业无所不包，跨度之大、涉及的产业之多让人目不暇接。相比之下，七匹狼走的是一品多牌，以独特的品牌魅力进入男人生活的各个领域——烟草、啤酒、皮革、服饰等。

显然，相关多元化有利于增强企业的竞争优势，但同时也削弱了分散企业风险的能力。而非相关多元化虽然有利于分散风险，但难以形成竞争优势。

4．紧缩型战略

紧缩型战略是指企业缩小生产规模，或取消某些产品的生产，减少企业的投入，封存或卖出部分设备的一种战略。其核心是通过紧缩战略来摆脱企业生存所面临的困境，使财务状况好转，否则企业可能面临倒闭破产的境地。这种战略一般适用于经济不景气、需求紧缩、资源有限、产品滞销、内部矛盾重重、财务状况恶化，以及在原经营领域中处于严重不利竞争地位的情况。紧缩型战略可以分为以下四种类型。

（1）整顿战略（以退为进）：先暂时从现有的水平往后退，等到条件成熟再前进。

（2）削减战略（抽资战略）：减少对某一经营领域的投入，只投入最低限度的经营资源。

（3）放弃战略：就是将经营资源从某一经营领域中抽出。

（4）清理战略（清算战略）：企业由于无力偿还债务，通过出售或转让企业的全部资产，偿还债务或停止全部经营业务（只有当其他战略全部失灵时才采用此战略）。

二、基本竞争战略

基本竞争战略是指无论在什么产业或企业都可以被选择采用的战略。波特在《竞争战略》一书中曾经提出过三种基本战略，即成本领先战略、差异化战略和目标集中战略。他认为，企业要获得竞争优势，一般只有两种途径：一是在产业中成为成本最低的生产者；二是在企业的产品和服务上形成与众不同的特色。

（一）成本领先战略

成本领先战略是指企业通过在内部加强成本控制，在研究开发、生产、销售、服务和广告等领域内把成本降到最低限度，成为行业中成本领先者的战略。企业凭借其成本优势，可以在激烈的市场竞争中获得有利的竞争优势。

1．采用成本领先战略的动因

采用成本领先战略的动因包括以下三个方面：

（1）形成进入障碍。企业的生产经营成本低，便为产业的潜在进入者设置了较高的进入障碍。那些生产技术尚不成熟、经营上缺乏规模的企业都很难进入此产业。

（2）增强企业讨价还价的能力。企业的成本低可以使自己应付投入费用的增长，提高企业与供应者讨价还价的能力，降低投入因素变化所产生的影响。同时，企业成本低，可以提高自己对购买者讨价还价的能力，以对抗强有力的购买者。

（3）领先的竞争地位。当企业与产业内的竞争对手进行价格战时，由于企业的成本低，可以在竞争对手毫无利润的水平上保持盈利，从而扩大市场份额，保持绝对竞争优势的地位。

总之，企业采用成本领先战略可以使企业有效地面对产业中的五种竞争力量，以其低成本的优势获得高于产业平均水平的利润。

2．成本领先战略的风险

企业在选择成本领先战略时还要看到这一战略的弱点。如果竞争对手的竞争能力强，或者发生下面的一些变化，采用成本领先战略就有可能面临风险：

（1）竞争对手开发出更低成本的生产方法。例如，竞争对手利用新的技术，或更低的人工成本，形成新的低成本优势，使得企业原有的优势成为劣势。

（2）对手采用模仿的办法。当企业的产品或服务具有竞争优势时，竞争对手往往会采取模仿的办法，形成与企业相似的产品和成本，使企业陷入困境。

（3）顾客需求的改变。如果企业过分地追求低成本，降低了产品和服务的质量，则顾客的需求会受影响，结果会适得其反，企业非但没有获得竞争优势，反而会处于劣势。

（二）差异化战略

差异化战略是通过提供与众不同的产品和服务来满足顾客的特殊需求，以形成竞争优势的战略。企业形成这种战略主要是依靠产品和服务的特色，而不是产品和服务的成本。但是应该注意，采取差异化战略不是说企业可以忽略成本，只是强调这时的战略目标不是成本问题。

1．采用差异化战略的动因

企业采用这种战略，可以很好地防御产业中的五种竞争力量，获得超过产业平均水平的利润。具体地讲，主要表现在以下四个方面：

（1）形成进入障碍。由于产品的特色，顾客对产品或服务具有很高的忠实度，从而该产品和服务具有强有力的进入障碍。潜在的进入者要与该企业竞争，则需要克服这种产品的独特性。

（2）降低顾客对价格的敏感程度。由于差异化，顾客对该产品或服务具有某种程度的忠实性，当这种产品的价格发生变化时，顾客对价格的敏感程度不高。

（3）增强讨价还价的能力。产品差异化战略可以为企业带来较高的边际收益，降低企业的总成本，增强企业对供应者讨价还价的能力。同时，由于购买者别无其他选择，对价格的敏感程度降低，企业也可以运用这一战略削弱购买者讨价还价的能力。

（4）防止替代品的威胁。企业的产品或服务具有特色，能够赢得顾客的信任，便可以在与替代品的较量中比同类企业处于更有利的地位。

2. 采用差异化战略的风险

企业在实施差异化战略时，面临两种主要的风险：一是企业没有能够形成适当的差异化；二是在竞争对手的模仿和进攻下，当行业的条件又发生了变化时，企业不能保持差异化。第二种风险经常发生。企业在保持差异化上，普遍存在着形成产品差异化的成本过高、大多数购买者难以承受产品的价格等威胁。

（三）目标集中战略

目标集中战略是指把经营战略的重点放在一个特定的目标市场上，为特定的地区或特定的购买者团体提供特殊的产品或服务。

1. 目标集中战略的特征

成本领先战略与差异化战略面向全行业，在整个行业的范围内进行活动。而目标集中战略围绕一个特定的目标进行密集型的生产经营活动，要求能够比竞争对手提供更为有效的服务。企业一旦选择了目标市场，便可以通过产品差异化或成本领先的方法，形成目标集中战略。也就是说，采用目标集中战略的企业，基本上就是特殊的差异化或特殊的成本领先企业。采用目标集中战略的企业由于其市场面狭小，可以更好地了解市场和顾客，提供更好的产品与服务。

2. 选择目标集中战略的条件

企业实施目标集中战略的关键是选好战略目标。一般的原则是企业要尽可能地选择那些竞争对手最薄弱的目标和最不易受替代产品冲击的目标。在选择目标之前，企业必须确认以下几点：购买群体在需求上存在的差异；企业的目标市场上没有其他竞争对手试图采用目标集中战略；企业的目标市场在市场容量、成长速度、获利能力、竞争强度方面具有相对的吸引力；本企业资源实力有限，不能追求更大的目标市场。

3. 目标集中战略的风险

采用目标集中战略也有一定的风险，主要表现为：一是竞争对手可能会寻找可与本企业匹敌的、有效的途径来服务于细分目标市场；二是购买者细分市场之间的差异减弱会降低进入细分目标市场的门槛，会为竞争对手采取目标集中战略打开一扇方便之门；三是采取目标集中战略的厂商所聚焦的细分市场非常有吸引力，以至于各个竞争厂商蜂拥而入，瓜分细分市场的利润。

三、战略评价方法及战略选择

对于有多种产品的企业，由于其不同的产品可能具有不同的市场地位和价值优势，如何对这些业务进行投资组合分析是企业管理者在战略制定时要重点考虑的问题。要综合评价企业的价值能力，应进行投资组合分析。广泛采用的投资组合分析方法是矩阵分析方法，通过这种方法，企业可以找到企业资源的产生单位和这些资源的最佳使用单位。

（一）增长率—市场占有率矩阵

增长率—市场占有率矩阵法就是通常所讲的波士顿矩阵。它是波士顿咨询公司在 1960 年为美国米德纸业公司进行经营咨询时提出的分析方法，也称成长—份额矩阵产品（事业）结构分析法或事业结构转换矩阵。它以企业经营的全部产品或业务的组合为研究对象，分析企业相关经营业务之间的现金流量的平衡问题，寻求企业资源的最佳组合。图 3-1 为增长率—市场占有率矩阵示意图。

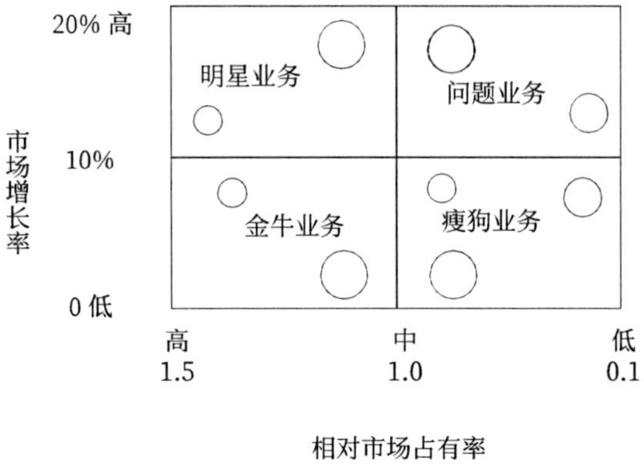

图 3-1 增长率—市场占有率矩阵示意图

在图 3-1 中，矩阵的横轴表示企业在行业中的相对市场占有率，是指企业的某项产品或服务的市场份额与最大的竞争对手的市场份额的比率，相对市场占有率用 1.0 分界为高、低两个区域。某项产品或业务的相对市场占有率高，表示其竞争地位强，在市场中处于领先地位；反之，则表示其竞争地位弱，在市场中处于从属地位。

纵坐标表示企业所在行业的成长性，表示该行业过去两年和今后两年的平均市场增长率，通常以 10% 的增长率为限划分为两个区域，最近两年平均增长率超过 10% 的为高增长业务，低于 10% 的为低增长业务，这样划分出如下四种经营单位。

1. 明星业务

明星业务指那些市场增长率和相对市场占有率都较高的经营单位。此类业务处于迅速增长的市场，具有很大的市场份额，被形象地称为明星产品。这类产品或业务有发展潜力，企业也具有竞争力，是高速成长市场中的领先者，行业处于生命周期中的成长期。它们应是企业重点发展的业务或产品，也是企业资源的主要消费者，企业要采取追加投资、扩大业务的策略，支持它们继续发展。

2. 金牛业务

金牛业务指那些有较低市场增长率和较高相对市场占有率的经营单位。

行业可能处于生命周期中的成熟期，企业生产规模较大，本身不需要投资，反而能为企业提供大量资金，用以支持其他业务的发展，被形象地称为金牛业务。企业通常以金牛业务支持明星业务、问题业务和瘦狗业务。企业的策略是维持其稳定生产，不再追加投资以便尽可能地回收资金，获取利润。

3．瘦狗业务

瘦狗业务指那些相对市场占有率和市场增长率都较低的经营单位。行业可能处于生命周期中的成熟期或衰退期，市场竞争激烈，企业获利能力差，不能成为利润源泉。如果这类业务还能自我维持，则应缩小经营范围，加强内部管理。如果这类业务已彻底失败，企业应当及时采取措施，清理业务或退出经营领域。

4．问题业务

问题业务指那些相对市场占有率较低而市场增长率却较高的经营单位。这类业务通常处于最差的现金流状态。一方面，所在行业增长率较高，需要企业投入大量资金支持其生产经营活动；另一方面，企业产品的相对市场占有率不高，不能给企业带来较高的资金回报。因此，企业对问题业务的投资需要进一步分析是否具有发展潜力和竞争力优势，判断使其转移到该业务所获得的投资量，分析其未来能否盈利，研究是否值得投资。

增长率—市场占有率矩阵法将企业的不同业务组合到一个矩阵中，可以简单地分析企业在不同业务中的地位，从而针对企业的不同业务制定有效策略，集中企业资源提高企业在有限领域的竞争能力。该矩阵分析的目的在于为企业确定自己的总体战略。在总体战略的选择上，它指出了每个经营业务在竞争中的市场地位，使企业了解了它的作用或任务，从而有选择地集中运用企业优势的资金。同时，增长率—市场占有率矩阵将企业不同经营领域内的业务综合到一个矩阵中，具有简单明了的效果。在其他战略没有发生变化的前提下，企业可以通过增长率—市场占有率矩阵判断自己各经营业务的机会和威胁、优势和劣势，判断当前的主要战略问题和企业未来的竞争地位。比较理想的投资组合是企业有较多的明星业务和金牛业务、少数的问题业务和极少的瘦狗业务。

但是，增长率—市场占有率矩阵法也存在局限性。该矩阵按照市场增长率和相对市场占有率，把企业的市场业务分为四种类型，相对来说有些过于简单。同时，在实践中，企业要确定各业务的市场增长率和相对市场占有率是困难的，该矩阵中市场地位和获利之间的关系会因行业和细分市场的不同而发生变化。另外，企业要对自己一系列的经营业务进行战略评价，仅仅依靠市场增长率和相对市场占有率是不够的，还需要行业的技术水平等其他指标。

（二）行业吸引力—竞争能力矩阵

行业吸引力—竞争能力矩阵是由美国通用电气公司与麦肯锡咨询公司共同发展起来的。它是为克服增长率—市场占有率矩阵的局限性而提出的改良分析矩阵，也称通用电气—麦肯锡矩阵或行业吸引力—企业实力矩阵。

该矩阵在理论上与增长率—市场占有率矩阵类似，但它考虑了更多的因素，对不同的业务进行了比较。行业吸引力—竞争能力矩阵的纵坐标用行业吸引力代替了市场增长率，横坐标用经营单位竞争力代替了相对市场占有率。同时，行业吸引力—竞争能力矩阵针对增长率—市场占有率矩阵坐标尺度过粗的缺陷，增加了中间等级。根据行业吸引力和经营单位竞争能力，可以确定出各经营单位在总体经营组合中的位置，据此来制定出不同的战略，如图 3-2 所示。

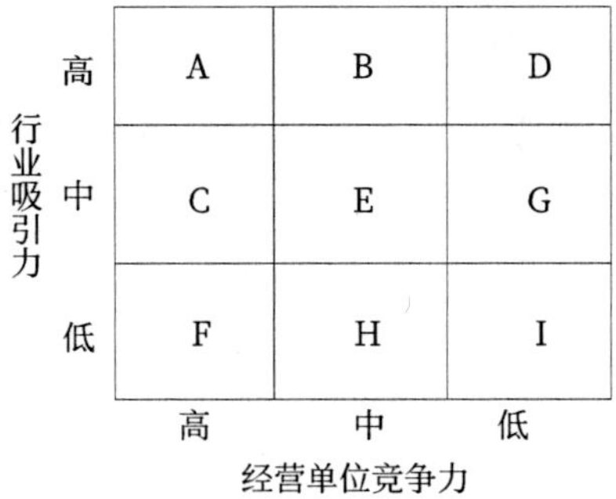

图 3-2　行业吸引力—竞争能力矩阵示意图

经营单位所处行业的吸引力按强度分成高、中、低三等，所评价的因素一般包括行业规模、市场增长速度、产品价格的稳定性、市场的分散程度、行业内的竞争结构行业利润、行业技术环境、社会因素、环境因素、法律因素、人文因素。

经营单位所具备的竞争力按大小也分为高、中、低三等，所评价的因素包括生产规模、增产情况、市场占有率、盈利性、技术地位、产品线宽度、产品质量及可靠性、单位形象、造成污染的情况、人员情况。

行业吸引力的三个等级与经营单位竞争力的三个等级构成一个具有九象限的矩阵，公司中的每一经营单位都可放置于矩阵中的一个位置。总体来说，公司内的所有经营单位可归结为三类，而对不同类型的经营单位应采取不同的战略，如下所述：

（1）发展类，包括处于A、B和C位置的经营单位。对于这一类经营单位，公司要采取发展战略，即要多投资以促进其快速发展。因为这类行业很有前途，经营单位又具有较强的竞争地位，因此，应该多投资，以便巩固经营单位在行业中的地位。

（2）选择性投资类，包括处于D、E和F位置的经营单位。对这类经营单位公司的投资要有选择性，选择其中条件较好的单位进行投资，对余者采取抽资转向或放弃战略。

（3）抽资转向或放弃类，包括处于G、H和I位置的经营单位。这类单位的行业吸引力和经营单位实力都较低，应采取不发展战略。对一些目前还有利润的经营单位，采取逐步回收资金的抽资转向战略，而对不盈利又占用资金的单位则采取放弃战略。

第四节 战略的实施与控制

企业一旦选择合适的战略，战略管理的重点就从战略选择转移到了战略实施。如果没有有效的战略实施，那么任何战略都不可能实现其价值，即实现企业战略目标。战略控制是为了有效地实施战略，同时也是为了对不适应的战略及时作出调整，以更好地实现企业可持续发展的目标。

一、企业战略的实施

（一）战略实施的内容

所谓战略实施，就是执行战略计划或战略方案，这是将战略付诸实际行动的过程。企业战略实施应包括建立能够执行并完成战略计划的强有力的组织，围绕战略目标有重点地配置资源，动员整个组织投入选定的战略计划，设置内部战略管理支持系统并发挥战略领导作用。

企业战略实施涉及大量的工作安排、资金和时间，而不像战略制定和选择过程中，所参加的人员主要是高层管理者。在战略实施过程中，企业从最高管理者到作业人员，每一个人都参与。因此，战略实施较战略分析和战略选择来说，所涉及的问题更多、更复杂。按照罗伯特·小沃特曼的观点，企业的战略匹配包含 7 个因素。这 7 个因素又被称为麦肯锡 7S 模型。

（1）战略，是指在获得超过竞争对手的持续优势的一组紧密联系的活动。

（2）结构，是指组织结构图及其相应的部分，它表明人员、任务的分工及整合。

（3）制度，是指完成日常工作的过程及流程，包括信息系统、资本预算系统、制造过程、质量控制系统和绩效度量系统等。

（4）风格，是指集体管理人员所花费时间和精力的方式，以及他们所采取的代表性的行为方式。

（5）人员，是指企业中的所有人，更重要的是指企业中人员的分布状况。

（6）技能，是指企业作为一个整体所具备的能力。

（7）共同价值观，是指企业的哲学和文化，即使企业保持团结一致的那种指导性的观念、价值和愿望等。

在该模型中，战略、结构和制度被认为是企业成功经营的“硬件”，风格、人员、技能和共同价值观被认为是企业成功经营的“软件”。该模型认为软件和硬件同样重要。麦肯锡 7S 模型同时表明：当这些因素相互适应和匹配时，企业实施的战略就可以成功；反之，当这些因素不能互相适应时，战略实施将不可能成功。

（二）战略实施的一般过程

1．诊断战略问题

在战略管理中，战略实施是战略制定的继续，即企业制定出目标和战略以后，必须将战略的构想转化为战略的行动。在这个转化过程中，企业首先要考虑战略制定与战略实施的关系，两者配合得越好，战略管理越容易获得成功。

图 3-3 说明了二者的重要性，并指出了战略制定与战略实施的不同搭配会产生四种结果，即成功、摇摆、艰难和失败。

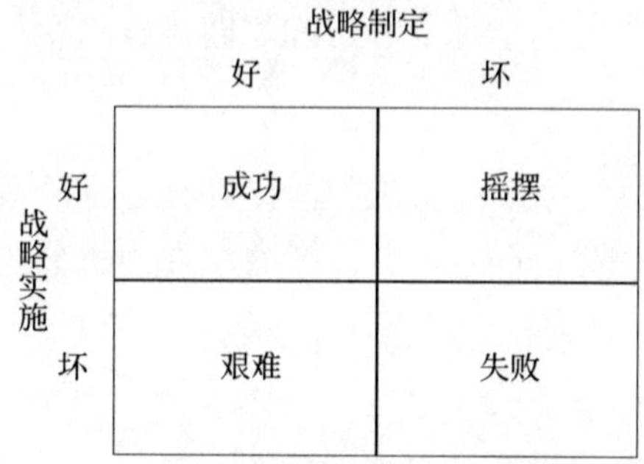

图 3-3　战略问题的诊断

在成功企业里，企业不仅要有好的战略，还要能够有效地实施该战略。在这种情况下，尽管企业不能控制环境，但它能够成功地制定与实施战略，因此企业的目标便能够较顺利地实现。

在摇摆象限里，企业没有很好的战略，但执行这种战略却一丝不苟。在这种情况下，企业会遇到两种不同的局面：一种局面是由于企业能够很好地执行战略而克服战略的不足，或者至少为管理人员提出了可能失败的警告；另一种局面是企业认真地制定了一个“不好”的战略，结果加速了企业的失败。

在艰难象限里，企业有很好的战略但贯彻实施得很差。这种情况往往是由于企业管理人员过分注重战略的制定而忽视战略实施。一旦问题发生，管理人员的反应常常是重新制定战略，而不是去检查实施过程是否出了问题。结果，重新制定出来的战略仍按照老办法去实行，只有失败一条路。

在失败象限里，企业所面临的问题是既没有好的战略又没有很好地执行战略。在这种情况下，企业的管理人员很难把战略转到正确的轨道上来。因为企业无论保留原来的战略而改变实施的方式还是改变战略而保留实施方式，都不会产生好的结果，仍旧要失败。

因此，企业要取得好的战略管理的绩效，就需要在摇摆、艰难和失败象限里诊断出战略失败的原因，以便找到一种补救的方法，更有效地实施战略。

2. 分解战略目标

要将战略转化为战略行动，需要在分析战略变化的基础上，把战略方案的内容层层分解，使企业每个员工都能明确自己在战略中的地位，明确自己的任务和职责。

企业要将战略分解为战略实施阶段，并确定分阶段的战略目标。特别需要注意各个阶段的分目标及计划应该具体化和可操作化，使战略最大限度地变成企业各个部门可以具体操作的业务。

3. 调整组织结构

企业需要调整或重新组建适当的组织结构以支持变革。作为适应战略实施的新型组织结构，它应该符合履行基本职能的效率要求，符合企业不断创新的需要，同时能确保面临重大威胁时作出快速反应。

4. 考核与激励

企业要对战略实施的情况进行绩效考核与激励，其内容包括：企业是否制定了发展战略目标；企业如何将战略目标有效分解到战术操作层面（各职能战略）；企业采用什么样的绩效管理工具评估战略目标和引导资源配置走向；企业如何通过绩效考核控制各业务单元和员工的工作绩效及管理行为等。企业战略实施业绩的考核可以采用关键业绩指标法（KPI）和平衡计分法等方法。

同时，要注意战略实施的激励。对一般人员的激励目的在于促使企业的人员对长期目标、战略计划和创业精神有足够的了解和认识，鼓励他们的战略活动与企业的战略相一致；对领导人员的激励目的是鼓励其及时调整战略行为，以调动和维持战略领导人员实施战略管理的积极性和主动性。

5．过程领导

在战略实施过程中，领导技巧是一个重要因素。就整个组织成员而言，领导需要鼓励全体成员承担实施战略的责任。因此，保证领导风格与战略相适应是非常重要的。战略管理要求具有机智果敢、勇于创新、远见卓识、知识广博、富有经验，同时有独特的管理魅力的人来担任企业领导者。只有这样，企业战略才会在制定过程中不产生偏差。

二、企业战略实施的控制

战略实施的控制是指在战略方案实施过程中，为了保证按战略方案的要求进行经营而对实施活动所采取的评审、信息反馈和纠正措施等一系列活动。

（一）战略实施的控制的要素

战略实施的控制有三个基本要素。

1．确立标准

战略控制评价标准是用以衡量战略执行效果好坏的尺度，是战略控制的依据，由定性和定量两大类指标组成。定性评价标准主要包括战略与环境的适应性、战略执行中的风险性、战略的稳定性、战略与资源的配套性、战略执行的时间性和战略与组织的协调性。定量评价标准可选用下列指标：经济效益综合指数、产值、实现利润、资本利润率、销售利润率、成本费用利润率、人均净产值、市场占有率、物质消耗率、新产品开发等。

2．衡量绩效

衡量绩效就是把实际战略实施成效与评价标准进行比较，找出实际战略实施成效与评价标准的差距及其产生的原因。

3．纠正偏差

绩效评价就是通过成效衡量发现问题（负偏差），并针对其产生的原因采取纠正措施。

（二）战略实施的控制在战略管理中的作用

1. 企业战略实施的控制是企业战略管理的重要环节

它能保证企业战略的有效实施。战略决策仅能决定哪些事情该做，哪些事情不该做，而战略实施的控制的好坏将直接影响企业战略决策实施的效果与效率。因此，企业战略实施的控制虽然处于战略决策的执行地位，但对战略管理十分重要、必不可少。

2. 企业战略实施的控制能力与效率的高低是战略决策的一个重要制约因素

战略实施的控制决定了企业战略行为能力的大小。企业战略实施的控制能力强、控制效率高，则企业高层管理者可以做出较为大胆的、风险较大的战略决策；若相反，则只能做出较为稳妥的战略决策。因此，提高战略实施的控制能力，也是企业战略管理的一项重要任务。

3. 企业战略实施的控制与评价可为战略决策提供重要的反馈

战略实施的控制可以帮助战略决策者明确决策中哪些内容是符合实际、正确的，哪些是不符合实际、不正确的，这对于提高战略决策的适应性和水平具有重要作用。

4. 企业战略实施的控制可以促进基础建设

企业战略实施的控制可以促进企业文化等企业基础建设，为战略决策奠定良好的基础。

（三）战略实施控制的方法

1. 以控制时间分类

以控制时间分类可分为事前控制、事中控制和事后控制。

（1）事前控制是指对战略实施进行监测，用前馈控制方法对事物前兆进行控制。前馈控制是在工作成果尚未实现之前去发现将来工作的结果可能出现的偏差，采取校正措施，使可能出现的偏差不致发生，从而防患于未然。

（2）事中控制就是监督实际正在进行的业务，以保证既定目标实现。

企业的战略要依赖于人的活动，没有人的活动，战略就不能实现，所以对组织成员活动的控制是战略控制的重要组成部分。

（3）事后控制是指将执行结果与期望的标准相比较，看是否符合控制标准，然后进行偏差分析，找出原因，确定纠正方案。

2. 以控制主体的状态分类

（1）避免型控制是指采用适当的手段，使不适当的行为没有产生的机会，从而达到不需要控制的目的。例如，通过自动化使工作的稳定性得以保持，按照企业的目标正确地工作；通过与外部组织共担风险减少控制；转移或放弃某项活动，以此来消除有关的控制活动。

（2）开关型控制又称为事中控制或行与不行的控制。其原理是在战略实施的过程中，按照既定的标准检查战略行动，确定行与不行，类似于开关的开与关。开关控制法一般适用于实施过程标准化的战略，或某些过程标准化的战略项目。

3. 以控制的切入点分类

（1）财务控制覆盖面广，是用途较广的非常重要的控制方式，包括预算控制和比率控制。

（2）生产控制，即对企业产品品种、数量、质量、成本、交货期及服务等方面的控制，可以分为产前控制、过程控制及产后控制等。

（3）销售规模控制，即销售规模太小会影响经济效益，太大会占用较多的资金，也影响经济效益，为此要对销售规模进行控制。

（4）质量控制，包括对企业工作质量和产品质量的控制。工作质量不仅包括生产工作的质量，还包括领导工作、设计工作、信息工作等一系列非生产工作的质量。因此，质量控制的范围包括生产过程和非生产过程的其他一切控制过程。质量控制是动态的，着眼于事前和未来的质量控制，其难点在于全员质量意识的形成。

（5）成本控制，即通过成本控制使各项费用降低到最低水平，达到提高经济效益的目的。成本控制不仅包括对生产、销售、设计、储备等有形费用的控制，还包括对会议、领导、时间等无形费用的控制。在成本控制中要建立各种费用的开支范围、开支标准并严格执行，要事先进行成本预算等工作。成本控制的难点在于企业中大多数部门和单位是非独立核算的，因此缺乏成本意识。

（四）在战略实施的控制过程中应注意的问题

1．战略控制应具有前瞻性

战略控制与日常生产经营控制不同，其重点是企业的目标和方向，所以管理人员要能预见未来，及时发现和纠正对企业发展方向与长远目标有重大影响的有利和不利因素。

2．战略控制应该采用例外原则

对战略控制不要样样都抓，有标准的事件只需适当关注，主要是处理非标准情况下出现的例外事件，抓住战略实施的重点进行控制。

3．战略控制应该有伸缩性

战略控制要有较大的回旋余地，有伸缩性。只要能保持正确的方向，就能取得预期的效果。

4．战略控制应考虑组织特征

不同的组织有不同的经营环境，管理者和职工在战略控制中的作用也有很大的差异，要根据组织的特征采取相应的控制方法。

第四章　生产管理

第一节　生产管理的内涵

一、生产的概念

生产是指人们通过劳动创造所需产品和服务的有组织的活动，它是一切财富产生的源泉，也是人类社会生存与发展的基础。一切生产活动都由三个部分构成：资源的投入、财富的产出、将投入转变成产出的转换过程。

生产中投入的资源叫作生产要素。根据其在生产中的作用不同，生产要素可分成四类：一是生产对象，即生产活动作用的对象；二是生产手段，即将生产对象转变成产出物的手段，如机器设备、储存设施、工具等；三是劳动力，即从事生产活动的劳动者体力与智力的总和；四是生产信息，即在生产活动中运用的各种信息，如知识、技术、方法、程序、经验、诀窍、数据、资料等。

生产中产出的财富通常有两类：有形的产品和无形的服务。这些财富能够向消费者提供一定的效用，包括各种功能上或时间、地点上的效用，满足消费者各种需求。将投入的资源转换成产品或服务的过程凝结了一定的劳动，实现了价值的增值。增值是产出的价值超过投入成本的部分，它标志着生产过程为社会创造的财富。

生产是一个非常广泛的概念，从农业生产、工业生产、文化作品生产，一直到知识和信息的生产，在一切经济形态中无处不在。生产不仅存在于产品导向的制造业，也存在于服务导向的领域，如医疗、运输、商业、通信等。

二、生产系统

国际生产工程学会曾对生产系统做出如下定义："生产系统是生产产品

的制造企业的一种组织体，它具有设计、加工、销售、交货等综合功能，并有对其提供服务的研究开发功能。”生产系统可以按其生产组织方式划分成三种类型：大量生产、成批生产与单件生产。大量生产的特点是产品品种少，每个品种的产量大，在专用生产设施上连续不断地生产一种或少数几种产品。成批生产的特点是产品品种较多，每个品种的产量较少，周期性地重复生产各种产品。单件生产的特点是产品品种繁多，通常根据用户特殊需要专门组织生产，在一定时间内每个品种很少重复或不定期重复生产，有时甚至只生产一件或一小批产品。

不同类型的生产系统，在产品、工艺、劳动力配备与管理上有不同的特征。一般来说，大量生产的产品都是标准产品，可以采用专门化的生产设备，按固定的工艺流程生产，大量备料、在制品少，对工人技术水平要求不高，进行严格的质量控制，生产效率高，管理的重点是做好生产线平衡，按成本中心加以管理。成批生产的产品多为定型产品，常常开发新产品，采用通用设备，通常有主导工艺路线可循，原材料与在制品有一定的储备量，对工人技术水平要求较高，有正式的质量控制制度，管理的重点是安排好作业计划，进行进度管理，按成本中心或利润中心加以管理。单件生产的产品一般按订货组织生产，经常更新，采用通用设备，没有固定的工艺流程，设备不能充分利用，大部分原材料在接到订货后才能采购，对工人的技术水平要求高，以便适应各种作业的需要，质量控制难度较大，管理的重点是做好投标报价工作，安排好作业计划，解决生产中的难题，通常按利润中心进行管理。

第二节　生产战略制定

一、生产运作战略的内涵

（一）生产运作战略的概念

生产运作战略是企业为实现其总体战略而对生产运作系统的建立和发展所作的长远的、全局性的谋划，它规定了生产运作系统的长远目标、发展方向、方针原则和基本步骤。

生产运作战略是企业总体战略的重要组成部分。总体战略是根据企业的使命和长远目标，在分析企业外部环境、内部条件和竞争对手状况的基础上制订的关于企业竞争与发展的总体谋划，它说明企业想“做什么”。为了实现战略目标，企业要制定相应的方法和措施，这就是策略，它说明企业“怎样做”。而生产运作则在一个具体业务领域中解决“实际做”的问题。作为企业总体战略下的职能战略，生产运作战略在生产运作领域体现总体战略的要求，具体涉及产品与服务项目、质量、工艺技术与流程、选址与布局、供应与库存、人员配置、进度与服务时间、可靠性与安全等内容，它与其他职能战略一起支持总体战略。生产运作战略在企业经营活动中起着承上启下的作用。一方面，生产运作战略是企业总体战略在生产运作领域的具体化；另一方面，它指导生产运作系统的运行方向，把日常运作活动与企业总体战略紧密联系起来，保证总体战略的顺利实施。

生产运作战略必须为实现企业总体战略服务。例如，根据迈克尔·波特的一般竞争理论，企业可以在三种竞争战略中任选其一：成本领先战略、差别化战略与集中战略。如果企业采取成本领先战略，生产运作战略必须努力降低制造与服务费用，实行标准化作业，扩大生产能力以获取规模效益。如果企业采取差别化战略，生产运作战略应优先开发新产品和新服务项目，采用先进技术，加强个性化服务，树立品牌形象。如果企业采取集中战略，生产运作战略要更加关注企业的选址与布局、质量与流程等内容。

企业总体战略与生产运作战略的协调一致对战略的有效性至关重要，而且各职能战略之间的冲突也会严重削弱企业的竞争力。为此，在强调生产运作战略为企业总体战略服务的同时，在制定企业总体战略时必须充分考虑生产运作领域既有的优势与劣势、潜力与风险，以及各职能战略之间的相互制约。

（二）生产运作战略要素

企业在市场中取得竞争优势的决定性因素是什么，这是制定生产运作战略最关心的问题。根据许多学者的研究，归纳起来大致有成本、质量、时间、柔性、服务等要素。

1．成本

成本是企业竞争力的重要因素，只有低成本才能以低价格取得竞争优势，或在行业平均价格下获得更多利润。成本主要是在生产运作过程中形成的。降低成本的主要途径是减少浪费，增加资本投入，扩大生产规模，但后者存在生产能力过剩的风险。在制定生产运作战略时，要充分权衡各种降低成本方案的利弊得失，做出最适合本企业的优选决策。

2．质量

优质是赢得顾客的决定因素之一，它主要表现为两个方面：高性能的产品与服务质量，以及质量的稳定性和一贯性。因而，既要考虑向用户提供的最终产品与服务的质量，又要考虑质量形成过程如设计、生产、售后服务的质量。质量的核心是满足顾客的需求，包括显在的需求和潜在的需求。产品质量取决于对顾客需求的适用性，服务质量则是顾客在接受服务前的期望与服务过程中的经历或服务结束后的感知间差异的函数。一大批成功企业都以质量取胜，它们甚至可以以高出竞争者的价格出售自己的产品和服务。

3．时间

减少生产运作过程中各项活动所需的时间对企业的竞争越来越重要，这是因为缩短时间通常不仅可以降低成本、提高生产率，而且可以迅速响应用户需求的变化以支持用户，并从“零库存”中获益。对于一些特殊行业，时间更是决定性的因素。企业在时间上的竞争，主要表现为快速、准时交货，加快新产品开发，快速处理用户的疑问等。

4．柔性

市场需求多样化、消费个性化的趋势，使柔性的重要性与日俱增。柔性表现为企业能根据市场的需求迅速调整产量，为顾客提供多种产品和服务，迅速从一种产品生产转换到另一种产品。柔性优势常常带来时间优势。但是提高生产运作的柔性需要付出相应的代价，如建设昂贵的柔性制造系统、由于频繁变换产品与服务项目而损失制造与服务能力、增加生产运作管理的难度、增加对职工进行适应性技能的培训等。

5．服务

服务作为战略要素，既包括制造产品的延伸（如产品的售前、售中、售后服务），又包括服务业的服务项目与特色。随着科学技术的进步与产品技术含量的增加，顾客需要更多有关产品选择、使用的咨询与指导和及时的功能修复与升级换代的服务。优良服务可以赢得更多的市场份额，但也增加了制造与服务企业的支出。许多企业在加强服务中获益，也有一些企业以尽可能减少服务的方式降低价格、提高顾客参与兴趣，取得了意想不到的效果。

以上五种战略要素既有相辅相成的一面，又有互为制约的一面。有时企业很难对五项要素都优化到极致，需要根据实际情况分清主次，确定优先级别，以突出重点，或将其中若干要素的组合构成生产运作战略的要点，或以各种要素的平衡协调获得综合优势。

二、制造业的生产战略

制造业生产战略主要包括产品战略、生产组织战略与能力战略。

（一）产品战略

制造企业生产什么产品直接体现了企业的使命，产品战略就是对企业产品长远的、全局性的谋划。这里涉及两个基本命题：产品的选择与产品的发展。

产品的选择所要解决的问题是企业生产什么产品，可供选择的方向如下。

1．老产品的选择

在企业正在生产的产品中根据市场需求的趋势与企业经营状况，确定哪些产品要淘汰，哪些产品要保留，哪些产品要发展。

2．新产品的开发

通过不断推出符合市场需求的、有前途的新产品替代处于生命周期后期的老产品，以保持企业的生命力。

3．产品组合

多数企业生产多种产品，既有老产品，也有新产品。在满足市场需求的前提下，企业可确定一个最能发挥企业资源与能力优势的、优化的产品组合，以提高生产率，增加盈利，提高企业的竞争力。

产品发展所要解决的问题是如何发展已选定的产品，使之更加具有竞争力而获得成功。产品发展的关键是正确选定目标市场，并对选定的产品进行正确定位，因为产品的定位直接影响其功能开发、结构设计、工艺技术、质量要求、发展方式等。产品定位取决于许多因素，包括市场需求、外部环境、内部条件及竞争对手状况等。例如，生产建筑材料的企业拟定位于生产优质高价产品，而该细分市场已有强大的竞争者存在。如果市场容量足够大，而该企业又有较强实力可以战胜竞争对手，即可定位该市场并采取进攻战略，否则应采取回避战略或收缩战略，减少一些产品的次要功能，降低服务标准，以优质低价或低质低价进行市场定位。

（二）生产组织战略

生产组织战略主要确定企业生产线和生产单元的组织，以及生产一体化的程度。

1. 生产线

制造企业的生产线通常包括作业车间、间断生产线、流水生产线与连续生产线。一般地说，生产品种越少，生产批量越大，越有利于稳定产品质量，降低生产成本，简化生产管理，提高生产效益。但市场需求日益向个性化发展，品种趋多，批量趋少，为了克服小批量多品种生产的弱点，企业发展了成组技术、柔性制造技术、制造资源计划、精益生产等新的组织方式。

2. 生产单元的组织

生产单元的组织通常分为工艺专业化、对象专业化，以及兼有以上两种特色的混合式三种类型。根据产品特征与工艺要求组织生产单元以获取更高的生产率，是生产组织战略的重要内容。

3. 生产一体化

生产一体化可以增加企业生产的集成度。现代化生产是一个体系，单个企业不可能独立完成某种最终产品的全部生产过程，必须有供应商为其提供各种原材料、零部件，而生产的产品可能转入后续企业进一步加工或与其他企业产品配套而成最终产品。以机械产品为例，从原材料处理、毛坯制造、零件加工、部件装配、机器总成、辅机制造、机组总成到安装调试，由许多阶段组成。如何界定企业的生产范围，哪些零部件自制，哪些外购，只生产主机还是主辅机配套等，直接影响企业产品的生产周期、产品质量和成本等。企业可以根据需要，以现有产品的生产为基础，向前往产品深加工或最终产品方向伸展，实现前向一体化（如冷冻压缩机厂生产冰箱以更接近市场，保证产品适销对路，赚取深加工的丰厚利润）；或向后往原材料、零部件制造方向延伸，实行后向一体化（如冰箱厂生产压缩机，以稳定资源供应，有效地控制质量与成本，赚取原来供应商那部分利润）；或横向获得竞争公司所有权，实现横向一体化（如兼并其他冰箱厂，使生产更接近消费地，享受规模经济效益和资源、能力流动的优势）；抑或不进行一体化，充分利用原有社会化分工协作的优势。

（三）能力战略

能力战略重点考虑两种能力，即生产能力和核心能力。

生产能力指企业生产系统在一定时间内（通常以年为单位），在一定的生产技术组织条件下，生产一定品种结构产品可能达到的最大产量。企业合理的生产能力主要取决于市场的需求和自身可能的投入。如果生产能力超过市场需求，企业会因开工不足而造成浪费；如果生产能力不足，企业将蒙受机会损失。一般在需求增长的市场中，或企业的产品步入稳定增长期，可采取能力扩张的策略以享用规模效益。而如果行业进入衰退期，市场需求减少，或企业准备转入新的领域时，可采取能力收缩策略，直至关闭生产线。

现代生产的能力主要依靠技术装备提供，因此，生产能力的扩大呈阶跃式，而市场需求的增长呈渐进式，且有相当的不确定性，二者完全协调有一定的难度。解决这一矛盾有三种方式：一是超前策略，即能力的扩大超前于需求增长，超前部分的能力暂时不能利用；二是滞后策略，滞后部分有机会损失；三是折中策略，即能力扩大有时超前，有时滞后。无论采用何种方式，都要确定生产能力增长的速度及相应的技术水平，都需在生产能力增加过快导致的投资风险成本与生产能力增长过慢可能失去市场的机会成本之间作出权衡。

在确定能力战略时，除市场因素外也要考虑其他因素，如怎样发挥企业生产系统的优势，只生产少数效益最好的产品，或进行能力的重新组合与优化等。

第三节　生产系统设计

一、产品或服务项目设计

（一）产品或服务项目设计的要素

生产系统规划与设计的基石在于明确企业所生产的产品类型或提供的服务范畴。不同的产品或服务对生产系统的结构与特性提出了差异化的要求。企业使命作为指引企业发展方向的灯塔，界定了其产品或服务的核心类别与功能定位，而具体的产品或服务品种则需紧密贴合市场动态与企业自身能力进行精准布局。

产品或服务的设计工作对于企业使命与目标的达成具有深远的战略意义。它不仅关乎产品或服务的核心功能、质量把控、成本控制，还直接影响用户的满意度，进而塑造企业的市场竞争力与经济效益。在竞争激烈的市场环境中，率先推出创新、优质的产品或服务，不仅能够赢得消费者的青睐，拓宽市场份额，还能为企业带来超额利润，巩固行业领先地位，甚至带来意想不到的成功。对于非营利组织而言，这意味着更高的社会效益与更广泛的社会影响力。

在设计过程中，企业面临两种主要路径：一是对既有产品或服务进行持续优化与再设计，旨在提升品质、增强功能、减少资源消耗、降低成本，从而延长产品生命周期；二是致力于新产品或新服务的研发，以满足市场新兴需求，开辟新的市场空间，调整并优化企业业务结构。

成功的设计往往根植于多重关键因素之中。首先是动机，它源于顾客需求的洞察、市场竞争的压力、技术进步的推动、政策法规的遵循，以及企业自身利益的考量，最终聚焦于满足用户的核心需求。其次是创意，这可以是外部灵感的引入，如用户反馈、市场趋势、竞争对手的启发等，也可以是内部创新的结晶，如研发团队的突破、员工的创意提案等。关键在于开放思维，广泛收集并整合各方创意，形成独特的设计思路。

可制造性也是设计成功的重要保证。产品或服务应当便于生产、装配或实施，这直接关系到其质量、成本与效率。同时，企业的生产运作能力也是设计必须考量的前提，包括设备配置、技术水平、员工素质、原材料供应及管理能力等。若存在不匹配之处，须考虑提升或调整能力以满足设计要求。

经济性同样是设计的关键考量。高效的设计应能降低生产成本，提高资源利用效率，减少浪费，如缩短生产周期、优化材料使用、合理包装等。此外，环保法规的遵守也是设计过程中不可忽视的一环，它要求产品或服务必须符合相关标准，如食品安全、环保排放等，这既是企业社会责任的体现，也是市场准入的基本要求。

（二）产品选择和开发

制造企业的产品决策一般分为两种情况，即在原有产品中选择或开发新产品。

1. 产品选择

产品生命周期理论是市场营销学中的一个重要概念，它揭示了产品在市场上的演变过程，以及企业应对这些变化所需采取的策略。根据这一理论，大多数产品都会经历从投入市场到最终被市场淘汰的完整生命周期，这个过程包括投入期、成长期、成熟期、饱和期和衰退期。

投入期是指产品初入市场，消费者对其了解不足，销量有限，企业需要投入大量资源进行市场推广和品牌建设。成长期是随着市场认知度的提高，产品销量迅速增长，企业开始获得规模经济效应，但也可能面临竞争加剧的风险。成熟期指产品销量达到顶峰，市场份额趋于稳定，企业利润最大化。此时，市场竞争最为激烈，企业需不断创新以维持市场地位。饱和期指市场需求逐渐饱和，销量增长放缓甚至下降，价格战成为常态，企业利润受到压缩。衰退期指产品逐渐被市场淘汰，销量和利润大幅下降，此时企业需要寻找新的增长点或退出市场。

虽然大多数产品遵循这一生命周期规律，但也有少数产品例外。例如，剪刀、钉子等日常用品因其广泛的适用性和持久性而能够跨越多个生命周期阶段，长期存在于市场上。这些产品通常具有较低的技术门槛和较高的市场渗透率，能够满足消费者长期的基本需求。

总之，产品生命周期理论为企业提供了理解和应对市场变化的重要视角。企业应根据产品的具体阶段和市场需求灵活调整策略，以实现可持续发展。

2. 产品开发

（1）产品开发的动力。产品开发的动力主要源自两大核心驱动力，即市场拉动与技术推动，同时辅以政府鼓励与企业家个人偏好等外部因素。市场拉动与技术推动各自遵循着不同的路径。

市场拉动模式遵循“市场需求识别→研究开发→生产制造→再投放市场”的循环路径。此模式强调紧密贴合市场需求，确保产品从设计之初就具备市场接受度。技术推动模式则沿着“技术研究与创新→生产制造→市场拓展”的路径发展。尽管曾有人质疑其可能脱离市场需求，但历史证明，技术突破往往能引领市场潮流，催生全新产品类别，如数字电视、办公自动化系统，乃至信息高速公路等，均彰显了技术推动在产品开发中的不可替代性。

然而，无论采用何种模式，产品开发的核心前提始终是市场空间的存在。只有那些能够占据市场一席之地、满足消费者需求的产品，才能最终实现其商业价值。因此，在产品开发的全过程中，持续的市场调研与需求分析至关重要，以确保产品始终与市场需求保持同步，进而在激烈的市场竞争中脱颖而出。

（2）产品设计效率的方法。一是模块化设计。在产品设计的过程中，笔者采取了模块化的策略，即将产品部件根据其特定的功能特征进行细致划分，形成多个功能独立且界面标准化的模块单元。这些标准模块通过统一的接口实现无缝对接，允许设计者根据需求灵活组合不同的模块，从而快速生成多样化的产品型号。此策略的核心优势在于其能够极大地简化设计流程，使得产品的结构更加清晰，同时提高了产品的可拆装性和可维护性。用户或维修人员在进行产品维护时，能够更轻松地识别并更换损坏的部件。二是计算机辅助设计（CAD）。在CAD的框架下，计算机被巧妙地运用来辅助设计人员完成一系列繁重的任务，包括但不限于设计信息的共享、设计草图的绘制、设计方案的修订、工程数据的分析、产品性能的模拟测试及优化选择等。这一技术的应用显著提升了设计人员的工作效率与创造力，使他们能够更专注于创新设计本身，而非烦琐的绘图与计算工作。一个典型的CAD系统集成了多种先进功能，其中最为核心的是交互式的计算机图形系统，它使得设计人员能够直观地操作图形界面，实现设计构思的即时可视化。此外，CAD系统还配备了庞大的数据库和图形库，这些资源为设计人员提供了丰富的设计素材和参考依据，促进了设计信息的实时交换与共享。然而，值得注意的是，构建一个功能完善、数据丰富的CAD系统并非易事，它需要在前期投入大量的资源，包括人力、物力和财力。特别是对于数据库和图形库的构建与完善，需要长期积累与不断更新，以确保其能够满足设计人员日益增长的需求。因此，在享受CAD技术带来的便利与高效的同时，也需要认识到其背后的巨大投入与持续维护的重要性。三是并行工程。在早期的产品开发模式中，整个流程被严格划分为多个独立的阶段，每一阶段的工作完成后，才会以批量处理的方式传递给下一阶段。这种串行的工作方式导致了设计、制造和营销部门之间的严重割裂，不仅增加了沟通成本，还容易因信息不对称而产生冲突和误解。并行工程的出现克服了这一弊端，它将传统的串行作业模式转变为平行作业模式，在并行工程的指导下，设计阶段的早期便开始了跨部门的协同作战。设计、制造和营销等相关部门的人员被紧密地组合在一起，共同参与决策过程。这种工作方式打破了以往部门之间的壁垒，使得设计者在构思产品时就能充分考虑到制造和市场的实际需求。例如，在设计尚未定稿之时，制造工程师就已经开始着手考虑生产工艺的可行性，而营销人员则能够提前将概念产品推向市场进行试水，收集宝贵的用户反馈。通过并行工程的实施，产品的开发周期得到了显著缩短，因为各个部门能够同时推进各自的工作，而无须等待前一阶段的完成。此外，由于在设计初期就充分考虑到了制造和市场的因素，因此能够有效地减少和避免后期的返工浪费现象，从而保证了产品开发的高质量和高效率。为了更好地实现并行工程的目标，构建产销研一体化的组织架构可能是一个行之有效的途径。这种组织架构能够将设计、制造和营销等部门紧密地结合在一起，形成一个高效协同的整体。通过共享信息、资源和经验，各部门能够更好地理解彼此的需求和挑战，从而共同推动产品的不断创新和优化。

二、工艺与流程设计

（一）生产系统的工艺设计

制造企业生产系统工艺设计的核心问题是自制与外购的决策、工艺技术的选择、生产流程的确定。

1. 自制与外购的决策

在复杂产品的生产过程中，自制与外购零部件的决策是一个多维度的考量过程，涉及企业运营的多个方面。

（1）企业现有的能力。一是生产能力。企业首先需要评估自身的生产线和生产能力是否能够高效、经济地生产所需的零部件。如果企业已具备先进的生产设备和高效的生产流程，那么自制可能是更经济的选择，因为它能够充分利用现有资源，减少外包带来的沟通和管理成本。二是技术能力。技术能力是决定企业能否自主生产高质量零部件的关键因素。对于技术门槛高、需要特殊工艺或材料的零部件，如果企业拥有相应的技术能力，那么自制将更具优势。反之，如果企业缺乏相关技术能力，外购可能更为合适，以避免技术风险和投资成本。

（2）质量与可靠性。零部件的质量和可靠性直接影响最终产品的性能和市场竞争力。外购专业厂商生产的零部件通常具有较高的质量和可靠性，因为这些厂商通常具有更专业的技术和更严格的质量控制体系。然而，对于重要或特殊的部件，尤其是体现企业核心能力的核心产品，自制能够确保对质量和供应可靠性的绝对控制，这对于维护企业的品牌形象和核心竞争力至关重要。

（3）成本。成本是企业决策时不可忽视的重要因素。外购和自制的成本分析需要综合考虑多个方面，包括原材料成本、制造成本、管理成本、运输成本及可能的风险成本等。通常，企业会倾向于选择成本更低的方案。然而，需要注意的是，仅仅追求低成本可能会牺牲质量和可靠性，因此需要在成本和品质之间找到最佳平衡点。此外，对于能够显著提升产品附加值的高技术零部件，自制可能更具成本效益。

（4）其他因素。一是专利或技术诀窍的控制，如果零部件涉及关键专利或技术诀窍，企业可能需要通过自制来确保对技术的控制和保护，避免技术泄露和依赖外部供应商的风险。二是保持对供应商的谈判地位，外购零部件时，企业需要考虑如何保持与供应商的谈判地位，以确保供应的稳定性和价格的合理性。过度依赖某个供应商可能会使企业处于不利地位。三是生产柔性与专业化程度，自制和外购的选择还需要考虑企业的生产柔性和专业化程度。自制可以提高企业的生产柔性，使其能够快速响应市场变化；而外购则可以使企业更专注于核心业务，提高专业化程度。四是政府部门的有关规定，在某些情况下，政府部门的有关规定也可能影响自制或外购的决策。例如，某些行业可能要求企业必须使用特定标准的零部件或必须达到一定的国产化率等。

综上所述，自制与外购零部件的决策是一个复杂而多维度的过程，需要企业综合考虑多个因素并作出权衡。在实际操作中，企业可以根据自身情况和市场环境灵活调整策略以实现最优化的资源配置和成本效益。

2. 工艺技术的选择

在探讨生产系统的工艺技术选择时，必须考虑高级制造技术的崛起及其带来的深远影响。高级制造技术作为现代工业发展的重要驱动力，不仅极大地提升了生产效率和质量控制水平，还推动了制造业的智能化、绿色化和个性化发展。然而，高级制造技术的实施门槛高、设备昂贵，且运用不当可能带来严重的经济损失，因此其采用必须经过深思熟虑和充分论证。

企业在选择工艺技术时，必须明确自身的技术地位和发展策略。技术领先策略意味着企业致力于成为行业内的技术创新者和引领者，通过不断研发新技术、新产品来保持竞争优势。这种策略能够带来短期的超额利润和长期的品牌影响力，但同样伴随着高风险和高投入。相比之下，技术跟随策略则更为稳健，企业可以在观察市场趋势和技术发展动态的基础上适时引进和消化成熟技术，以较低的成本和较短的周期实现技术升级和产品更新。

在选择适用技术时，企业需综合考虑多个因素，包括产品生产需求、经济环境、技术能力和人文环境等。具体来说，企业应根据产品的性能要求、生产工艺的复杂程度，以及市场需求的变化趋势，来确定所需的技术水平和设备配置。此外，企业在工艺技术选择过程中还应注重技术创新与可持续发展的平衡。

综上所述，工艺技术的选择是一个复杂而重要的决策过程，需要企业在充分了解市场需求和技术发展趋势的基础上，结合自身实际情况进行综合考虑和权衡。通过科学合理地选择适用技术，企业可以最有效地发挥生产系统的作用，提升产品质量和生产效率，从而在激烈的市场竞争中立于不败之地。

3. 生产方式的确定

生产方式的选择确实与产品性质、品种数量、生产规模和工艺方法密切相关。这种选择不仅关乎生产效率，还直接影响企业的成本结构、产品质量以及市场竞争力。

（1）产品性质与生产方式。产品性质是决定生产方式的首要因素。例如，对于高度定制化的产品，由于其独特性和多样性，通常适合采用通用设备进行间歇式生产。这种生产方式能够灵活应对不同产品的生产需求，但可能面临生产效率相对较低的问题。相反，对于标准化、大批量的产品，选择专用设备进行连续生产则更为合适，因为这样可以显著提高生产效率和产品质量，同时降低单位产品的生产成本。

（2）品种数量与生产方式。产品品种数量也是影响生产方式选择的重要因素。当企业产品品种多、批量小时，采用通用设备进行间歇式生产可以更好地满足市场需求，减少库存积压和资金占用。然而，随着产品品种数量的增加，间歇式生产的组织难度和成本也会相应提高。因此，在这种情况下，企业可能需要通过优化生产流程、提高设备利用率等方式来降低成本。相反，对于产品品种少、批量大的企业，连续生产方式则更具优势，因为它能够实现高效、稳定的生产过程，降低生产成本，提高市场竞争力。

（3）生产规模与工艺方法。生产规模和工艺方法也是决定生产方式的关键因素。随着生产规模的扩大，企业往往更倾向于采用自动化、连续化的生产方式来提高生产效率和产品质量。这种生产方式需要投入大量的专用设备和生产线，但一旦形成规模效应，其成本优势将十分明显。同时，工艺方法的选择也会直接影响生产方式的确定。例如，对于某些需要高精度、高质量的产品，采用先进的工艺方法和专用设备进行连续生产将更为合适；而对于一些对工艺要求不高的产品，则可以选择更为灵活、经济的间歇式生产方式。

综上所述，企业在选择生产方式时，需要综合考虑产品性质、品种数量、生产规模和工艺方法等多个因素。通过科学合理的选择，企业可以实现生产效率、产品质量和成本控制的最佳平衡，从而在市场竞争中占据有利地位。

（二）服务流程设计

1. 服务流程设计的方法

在优化服务流程的设计上，企业可采用四种各具特色的策略：生产线方法、顾客参与策略、顾客接触法及信息授权技术。

（1）生产线方法深受制造业高效生产流程的启发，旨在通过标准化服务流程来降低成本的高效率的生产方式。标准化的流程降低了人工因素的不确定性，提高了生产效率。生产线方法的核心特点：一是精细化的劳动分工，确保每名员工专注于特定任务，通过对专一技术的熟练掌握实现专门化的劳动技能，提升其专业技能；二是服务的标准化，确保服务质量的稳定性和一致性，如麦当劳的快餐服务通过预包装食品、标准化烹饪流程及高效配送系统，实现了快速、统一的服务体验，从而赢得了成本领先的竞争优势。

（2）顾客参与法与生产线模式形成了鲜明的对比，此策略鼓励顾客从被动接受者转变为服务过程的主动参与者。例如，在自助餐场景中，顾客根据个人口味自由选择食材，而服务人员则专注于烹饪与补给，这种互动不仅提升了服务效率，还增强了服务的个性化与定制化水平。同时，通过预约等机制，还能有效平衡服务需求与供给，减少顾客等待时间，提升顾客满意度。

（3）顾客接触法是一种在服务流程设计中寻求效率与个性化服务之间平衡的策略。该方法根据服务过程中顾客接触的密集程度，将作业划分为低接触与高接触两类。低接触作业如后台数据处理、维护等，可借鉴工厂化管理模式，提高生产效率；而高接触作业如客户服务、咨询等，则强调个性化与直接沟通，置于前台以增强顾客体验。理查德·查尔斯的服务设计图进一步阐释了在不同顾客接触水平下，生产效率、销售机会及员工要求之间的动态关系，指导企业在营销与运营之间做出最佳决策。

（4）随着信息技术的飞速发展，信息授权法成为优化服务流程的新途径。该方法通过向员工或顾客赋予信息访问权限，实现服务流程的智能化与便捷化。在员工层面，如前台人员通过实时库存系统快速响应顾客需求；在顾客层面，则通过在线平台自助查询、预约服务，极大地提升了服务的自主性与灵活性。信息授权技术的应用不仅提高了服务效率，还增强了顾客参与感与满意度，是当前服务业转型升级的重要方向。

2．服务蓝图

服务蓝图作为一种详尽规划服务流程与顾客体验的工具，其核心功能在于清晰界定服务流程的结构与关键环节，确保服务提供的一致性与高效性。以下是绘制服务蓝图的详细步骤，旨在指导企业精准设计并优化服务流程。

（1）识别并列出所有业务流程：全面梳理服务过程中涉及的所有业务环节，包括顾客接触点、后台支持活动及系统交互等，确保无一遗漏。这一过程需要跨部门合作，以确保流程的完整性和准确性。

（2）明确业务流程的先后顺序与相互关联：在列出所有业务流程后，进一步分析它们之间的逻辑关系，包括顺序依赖、并行处理及反馈循环等。通过流程图或思维导图等工具，直观展示这些业务流程的先后顺序与相互作用，为后续步骤奠定基础。

（3）绘制服务蓝图流程图：基于前两步的分析结果，绘制详细的服务蓝图流程图。该图应清晰区分顾客行为、前台服务、后台支持及系统流程四大部分，并通过线条和符号表示各流程之间的信息传递与交互。服务蓝图应确保从顾客视角出发，展现整个服务流程的完整性与连贯性。

（4）识别并标注潜在故障点与问题区域：在服务蓝图上，仔细审查各业务流程环节，识别可能出现的故障点、瓶颈或顾客不满的问题区域。对这些区域进行标注，并思考如何通过流程优化、技术升级或员工培训等方式减少或避免这些问题的发生。同时，制订应急计划以应对故障或问题出现后的负面影响，确保服务连续性和顾客满意度。

（5）设定服务执行的时间标准：根据服务蓝图中的各业务流程环节，设定明确的时间标准或目标。这些标准可以包括顾客等待时间、服务响应时间、处理时间等关键指标。通过设定时间标准，可以衡量服务效率并监控服务流程的执行情况，为持续改进提供依据。

（6）分析并改进服务效率与效益：结合服务蓝图的分析结果，识别影响服务效率与效益的关键因素。这些因素可能包括顾客等待时间、员工工作效率、资源利用率等。针对这些因素制定具体的改进措施，如优化服务流程、引入自动化设备、提升员工技能等。通过持续改进服务流程与资源配置，提高服务效率与效益，增强顾客满意度与忠诚度。

三、生产能力设计

（一）生产能力规划

企业对生产能力的合理规划是确保其在竞争激烈的市场环境中保持竞争力的关键。这一过程不仅关乎成本控制和投资回报，还直接影响企业的长期发展战略。以下是对影响生产能力规划因素的深入解析及策略建议。

1．市场需求

（1）核心要素：市场需求是企业生存和发展的基石。准确预测未来市场需求，确保生产能力与市场需求相匹配，是避免产能过剩或不足的关键。

（2）策略建议：一是多元化预测方法，即采用定量（如时间序列分析、回归分析）与定性（如专家访谈、市场调研）相结合的方法，提高预测准确性；二是灵活调整策略，即建立快速响应市场变化的机制，如短期灵活调整生产计划、采用模块化生产方式等，以适应市场需求的波动。

2．工艺要求

（1）核心要素：设备的额定生产能力是限制生产能力选择的重要因素。工艺技术的先进性、设备的稳定性和效率直接影响生产效率和产品质量。

（2）策略建议：一是技术升级与设备选型，定期评估现有工艺和设备的性能，适时进行技术升级和设备更新，提高生产效率和产品质量；二是标准化与自动化，即推进生产标准化和自动化，减少人为错误，提高生产效率和一致性。

3．经济评价

（1）核心要素：经济评价是选择生产能力方案的重要依据。通过盈亏平衡分析、决策树分析和投资效益分析等方法，评估不同方案的经济效益。

（2）策略建议：一是综合评估，即结合多种经济评价方法，全面评估不同生产能力方案的成本、收益和风险；二是风险管理，即针对市场需求不确定性，采用敏感性分析和情景分析等方法，评估风险并制定应对措施；三是决策考虑因素未来市场需求趋势，即考虑未来市场需求的增长潜力，为扩大生产能力预留空间；四是能力配套与平衡，即确保主体生产能力与辅助设施能力相配套，实现整体系统的平衡运行；五是分期建设，即根据资金、技术和市场等条件，合理规划生产能力建设的分期实施；六是柔性生产能力，即提高生产能力的柔性，以应对市场需求的波动，如通过生产季节互补的产品、临时调剂资源、增减存货和外部协作等方式充分利用生产能力。

综上所述，企业对生产能力的规划是一个复杂而系统的过程，需要综合考虑市场需求、工艺要求和经济评价等多个因素。通过科学预测、技术升级、经济分析和灵活调整等策略，企业可以制定出既符合市场需求又具备经济效益的生产能力规划方案，从而增强企业的竞争力和可持续发展能力。

（二）服务排队

在服务系统的生产能力规划中，排队理论的应用至关重要，它帮助管理者理解和优化服务流程中的等待现象，从而平衡服务效率与顾客满意度。排队是指等待一个或多个服务台提供服务的顾客队列。在服务系统和日常生活中，排队现象是十分常见的，如果队列过长，会导致顾客出现不耐烦的情绪，造成顾客的流失，所以服务企业的生产能力在总量上必须超过消费者需求，这样才能使队列控制在合理范围内。

1．排队系统的基本特征

排队系统的形式有很多种：有的队列是属于实体的有形模式，如日常生活中常见的景区售票窗口的购票队伍、超市收银台前等待结账的队伍、班级出游的学生队伍等；有的队列是虚拟的无形模式，如网络预约排号。与之相对应的是服务台的形式也有虚实之分：有的服务台是实体的，如医院各科室的看诊台；有的服务台是虚设的，如超市的自助结账台。

排队系统作为运营管理中的一个重要环节，其设计和优化对于提升服务效率、顾客满意度以及整体运营绩效至关重要。排队系统的五个基本特征，即需求群体、到达过程、排队结构、排队规则和服务过程，构成了理解和分析排队系统的基础框架。

（1）需求群体是指等待服务的顾客群体。如果顾客数量比较多，远远超出服务能力范围，这时的需求群体可被称为无限来源。与之相反的是，如果顾客数量比较少，服务能力有很大剩余，就被称为有限来源。

（2）到达过程是描述顾客到达时间间隔分布指数分布，它假设顾客到达是独立且随机的，且每个时间间隔内到达的顾客数服从指数分布。这种分布模型在多种实际场景中得到了广泛应用，如电话呼叫中心的呼叫到达、网络请求的到达等。

（3）排队结构是指队列的数量、位置与空间分布。在单服务台系统，顾客通常排成一列等候服务。在单队列多服务台，顾客排成一个队列，服务台空闲时从队列中选取顾客进行服务。这种方式简单直观，但可能导致某些服务台长时间空闲而另一些服务台则忙碌不堪。在多队列多服务台，每个服务台对应一个队列，顾客根据自己的选择或系统分配进入相应的队列。这种方式可以减少顾客在不同服务台之间的等待时间差异，但可能增加系统的复杂性和管理成本。

（4）排队规则描述对顾客提供服务的顺序政策。先到先服务（FCFS）是最基本的排队规则，体现了公平性原则。但在某些情况下，为了提高系统效率或满足特定需求，可能会采用其他排队规则。优先权服务根据顾客的优先级（如 VIP 客户、紧急情况等）来决定服务顺序。这种规则可以确保重要或紧急的任务得到及时处理。最短处理时间优先（SPT）是指在某些情况下，为了最小化总等待时间或总服务时间，可能会选择预计处理时间最短的顾客优先接受服务。

（5）服务过程描述服务过程的时间分布。负指数分布同样是最常用的服务时间分布，它假设服务时间是独立且随机的，且每个服务时间间隔服从指数分布。这种分布模型适用于许多服务场景，如银行柜台办理业务、餐厅点餐等。常数服务时间是指在高度标准化或自动化程度高的服务场景中，服务时间可能是固定的常数。在这种情况下，系统可以更容易地进行预测和规划。

综上所述，排队系统的这五个基本特征相互关联、相互影响，共同决定了系统的性能和效率。在实际应用中，需要根据具体场景和需求来选择合适的排队系统设计和优化策略。

2．服务能力规划

服务系统的能力规划确实是一个复杂的平衡过程，需要在满足顾客需求、控制成本，以及优化顾客体验之间找到最佳平衡点。对服务系统的能力进行规划，不仅要在服务总量上满足顾客的需求，而且要将排队等候时间控制在顾客可以接受的范围之内，否则，顾客会因为等候时间太久而选择离开。

以下是三种常用的服务能力规划思路：

（1）控制顾客排队等候的服务时间，根据顾客对等待时间的容忍度设定一个可接受的等待时间阈值。这个阈值可以通过市场调研、顾客反馈或行业标准来确定。

（2）达到一定服务水平，服务水平通常是指在一定时间内（如一天、一周或一月）内，顾客无须等待或等待时间不超过某一特定值的比例。例如，90% 的顾客在到达后 5 分钟内得到服务。

（3）最佳服务能力，即在给定成本约束的前提下，能够实现最大顾客满意度和最小等待时间的服务能力。这需要进行详细的成本效益分析，考虑增加服务能力的直接成本（如人力、物力）和间接成本（如顾客流失、品牌形象损失），以及由此带来的收益增加（如销售额增长、顾客忠诚度提升）。

在进行服务系统能力规划时，需要综合考虑多个因素，包括顾客需求、等待时间、服务水平、成本效益及企业战略目标等。同时，还需要建立有效的监控和反馈机制，及时评估规划效果并根据市场变化进行调整。此外，采用先进的技术手段（如智能排队系统、大数据分析等）也可以帮助提高规划的科学性和准确性。其最终目标是实现顾客满意度、服务效率和经济效益的最佳平衡，为企业创造持续的价值和竞争优势。

第四节　生产管理的计划与控制

一、生产计划体系

多数企业的中期生产与运作计划以年度计划形式出现，也有一些企业由于生产特点或其他原因而编制跨年度的中期计划。

制造业的生产计划主要包括两种：综合计划与主生产进度计划。综合计划又称年度生产大纲，它在对计划期内需求和资源进行平衡的基础上，规定企业在计划年度内总的生产目标，主要用产品品种、质量、产量、产值和主要技术经济指标表示。其中，产品的品种、质量、产量等指标表达企业生产满足市场需求的水平和能力；产值指标以价值形式综合反映企业生产的总成果；主要技术经济指标则说明了企业对各种资源的利用应达到的效率和水平。服务业的运作计划限于综合计划，通常没有相当于制造业中主生产进度计划的内容。一旦综合计划制订后，人们关心的是日常运作中服务人员、辅助资源与顾客之间的供需平衡，并转入具体的作业计划。

（一）需求与能力

1. 需求预测

企业的生产运作活动是根据市场需求安排的，但计划期的市场需求并不能确切地预知，人们不得不求助于预测。常用的预测方法有经验法、时序列法和因果法。

（1）经验法是一种定性的预测方法。在许多情况下，预测人员没有足够的时间去收集、分析定量数据，或根本没有定量数据可供使用，此时只能凭经验主观判断进行预测。由于经验反映了有关专家多年积累的知识，不受具体教学方法的拘泥，在处理一些长期而又复杂的事件时有其独到的长处。经验法预测的常用方法：一是经理人员的意见，如市场营销、生产运作、财务部门经理一起预测未来市场需求；二是与顾客直接接触的人员，如销售或售后服务人员的意见；三是用户调查；四是专家调查，其中最有代表性的是德尔菲法，其要点是邀请在某特定领域中的专家对某项预测内容进行提问，如某项新产品的前途，提问以调查表的形式书面进行，不让他们相互交换意见，专家们的意见经整理后反馈给他们进行进一步调查，希望他们调整意见或进一步发表观点，如此反复，专家们的预测意见可能逐渐趋于一致，可作为制订计划的重要依据；五是历史类推法，即根据类似产品或服务的引进成长方式推断某项新产品、新服务的市场渗透力。

（2）时序列法是一种定量预测方法，分为简单预测法、移动平均法、指数平滑法、二次指数平滑法、季节调整指数平滑法、综合指数平滑法。

（3）因果法是找出影响被预测变量的相关因素及其与该变量之间的因果关系，从相关因素的变化中识别被预测变量的变化轨迹，常用方法有回归分析和经济计量模型。经济计量模型是由一组联立方程构成经济计量模型，用统计方法求取被预测变量的预测值。应当指出，以上预测方法都假设了被预测变量过去演变的规律将持续到以后，实际上很少存在这种情况，因而影响了预测的准确度，且短期预测的精度一般高于远期预测。无论哪种预测方法，预测误差总是存在的，这就要求人们在预测时关心预测的精度与预测成本。当精度与成本发生矛盾时，应谨慎取舍以选择最适宜的预测方法。

2. 生产能力

企业的生产运作计划受制于生产能力。如果产品的市场容量足够大，企业可最大限度地发挥生产能力，以安排生产计划，但很难超越生产能力的限制。

在大多数情况下，生产能力用产出量表示很不方便或不够确切。例如，产品任务项目组合经常变动，或产出不能储存而导致生产能力空放等，则以投入量表示其生产能力，如医院用病床数、航空公司以座位数、零售商店以营业面积计量生产能力。在服务业中，以投入量表示生产能力的情况比较多。

（二）综合平衡

生产计划是建立在综合平衡的基础上的，如企业内部各种资源的平衡。企业计划总是力求计划期内市场需求与生产能力，以及企业内部生产要素达到大致的平衡。如果存在差距，则生产计划将受制于瓶颈的约束，影响企业的效益。

1. 市场需求与生产能力的平衡

（1）市场需求与生产能力的平衡可以从调节需求与调节能力两方面入手。调节需求的方法：一是定价，当需求不足时，降低价格常常能促进需求，特别是对于价格弹性大的产品与服务，定价策略对需求的影响更加有效；二是促销，通过广告等促销手段促进用户的购买行为，从而调节需求总量；三是延迟交货，将一部分需求转移到淡季交货，使企业可以平稳地利用其现有生产能力，其前提条件是用户同意这样做。

（2）调节生产能力的方法：一是追加资源的投入或撤出部分资源，如企业可根据需求波动聘用或解聘职工，或临时聘用兼职人员，租赁或处理某些机械设备；二是调整生产时间，如需求高峰时加班加点，需求低谷时减少开工时间，职工转入培训等；三是利用存货平滑产出量，当需求低于生产能力时增加存货，需求高于生产能力时动用存货交付订单，主要适用于制造业。

应用以上调节需求与能力的方法都要付出额外的成本，如促销降价会减少边际利润，延迟交货可能带来销售损失，聘用或解聘职工和设备租赁要付出代价，加班加点增加工资支出，存货增加了仓储费用和资金占用成本，临时外协引发高昂成本与质量风险等。因此，在选用这些方法时，要权衡由此引发的收益与成本，择优决策。由于调节需求的方法大多属于营销领域的措施，因此从编制生产计划的角度应更关心调节生产能力的策略。

2．企业内部生产要素的平衡

只有企业内部生产要素资源平衡，才能使每种资源都充分发挥其在生产运作过程中的作用，不受瓶颈的制约，也没有闲置的浪费。由于不同产品消耗的资源存在差别，企业拥有的许多资源常常随时间而变化，不平衡的情况经常会出现。

企业内部生产要素的平衡包括从原材料投入到成品产出全过程的物流平衡、支撑生产运作循环的资金平衡等。

资源平衡过程是核定计划期内企业实际可以利用生产能力的过程，也是发现瓶颈环节、制定相应对策、挖掘企业生产潜力的过程。

3．计划值

核算计划生产能力、编制生产计划都要用到有关企业生产活动的许多基础数据与指标。企业应当在内部取得共同认识的基础上，统一制定这些适用于计划期内有关生产、技术、预算等共用的、重要的基本指标，这就是计划值。

计划值与通常所说的技术经济定额形式上类似，但也有明显的区别。

一是在管理体制上，计划值是企业统一管理的指标，由企业统一制定、统一修订，企业内部各级、各部门都要使用，不像技术经济定额在一定程度上存在专业分散管理的特点，由各部门根据自己的需要制定，在本部门内部使用。二是在管理方式上，计划值采用动态管理方式，要求计划值在对象期内与实际值保持一致。三是在管理作用上，计划值不仅是计划和管理的基础数据，而且作为一种管理目标和管理基准，把生产管理和成本管理联系在一起，是企业加强管理和提高经济效益的重要手段，而技术经济定额通常不作为管理的目标和基准要求。

因此，在制定计划值时，企业必须根据上期实际值，考虑到使用期生产环境和内部条件变化（如原材料供应、设备状况、操作因素等）给计划值水平带来的影响，充分发挥人的能动作用，研究改善计划值水平的技术组织措施。在此基础上，用科学的方法提出一个使用期经过努力可以完成的计划值水平，不留余地，也不高估，按严格的管理程序加以确定。

（三）综合计划

1．综合计划的任务

综合计划是衔接长期生产战略规划与短期生产作业计划的中间环节，它与主生产进度计划一起，同属中期生产计划的范畴，通常以年为计划期，又称生产大纲。综合计划通常按产品大类编制，不区分产品品种、规格等细节，目的是使计划人员可以忽略不同品种规格引起的复杂因素，专注于运用现有资源做出总体决策。此外，由于未来市场具有不确定性，过早地锁定具体品种与规格既不科学，又会失去响应市场的柔性。编制综合计划总的原则是在灵活满足市场需求的同时谋求企业的低生产成本和高利润。

2．对市场需求波动的响应

在计划期内，如果市场需求相当平稳，或供求关系处于卖方市场，企业可以组织均匀生产，不会因生产波动发生额外费用；但实际上市场需求波动是不可避免的，这使企业的生产计划处于两难境地。如果生产不随市场需求而变动，会导致时而库存增加，时而缺货；如果生产随市场需求变动，则时而需寻求追加资源，时而让资源闲置。无论哪种情况，都会增加生产成本。在这种情况下，企业的能动性只限于选择一种比较好的方案，使得生产成本增幅小些。在市场需求波动时，企业生产计划响应的方式不外乎以下三种。

一是按平均需求均匀安排生产，保持计划期内每月产量不变，以库存为调节手段，用需求不足月份积累的库存满足需求高企月份用户的需要。这会造成库存增加，发生较高的库存保管和损耗费用，以及资金占用成本，有时可能发生缺货损失。二是会发生缺货损失，但调节产量要增加开支，如加班费用、外包加工费用、增聘工人的费用等，同时也增加了生产管理的复杂程度。可综合使用以上两种方式，在需求波动不大时维持均匀。三是生产需求波动较大时相应调节产量，将增加成本的幅度控制在较低水平。从管理角度看，这种方式比跟踪需求方式更易操作。在确定市场需求波动响应方式时，应计算每种方式实际发生的成本或增加的成本值并加以比较，择优决策。

3. 服务企业的综合计划

服务企业编制综合计划的原理、方法与制造业相似，但也有它自己的特点：

第一，服务业的需求变动更频繁，且准确预测的难度大。

第二，服务与消费同时进行，无法用库存调节生产能力，因而不得不更多地依靠短期调节措施，如雇用临时工、季节工，调整班次，加班加点等。

第三，某些服务内容个性化强、差别大，使服务能力计量具有较大的不确定性。

从事服务业的职工适应不同工作的能力较强，可以通过培养多面手等方式灵活调配人力资源，以调节各环节服务能力的余缺。

（四）主生产进度计划

1. 主生产进度计划的内涵

主生产进度计划是衔接综合计划与生产作业计划的重要环节，但按产品大类编制的粗略计划无法指导具体的生产活动，因此，需要分解。综合计划的分解一是将大类产品的生产总量分解成具体的最终产品的生产数量；二是将各期的生产任务分解成各细分时段的生产顺序及进度。这样做，首先便于安排短期生产活动，编制生产作业计划；其次由于不同产品占用的生产能力不同，综合计划分解后可以计算该时段生产能力粗略的需求，确保生产能力与生产任务的匹配；最后根据计算物料需求及可向市场提供的产品，进一步安排采购、销售计划。

2．主生产进度计划编制

主生产进度计划编制的优劣直接影响企业的生产资源能否得到有效利用，以及劳动生产率的高低、生产成本的高低和资金占用的多少，对企业的经济效益起很大的作用。因此，在编制主生产进度计划时，要注意掌握以下原则。

一是各种产品的产出时间和数量必须满足订货合同的要求，确保100%完成已有订货合同；二是经常生产和产量较大的主导产品尽可能均衡安排，使生产相对稳定；三是同类产品可安排在一起生产，合理安排生产批量，以简化生产组织，提高工作效率；四是各种产品合理搭配，新产品试制均匀安排，力求劳动力与设备负荷均衡；五是注意各时期生产的衔接、物资供应、生产技术准备与产品生产进度的协调，必要时以滚动计划方式加以调整。

不同生产类型企业的生产进度安排有不同的方法。首先是成批生产企业的主生产进度安排。成批生产企业生产的特点是产品品种较多，各种产品轮番生产，可以按初期库存与本期需求量（预测需求或订货量）的差额安排生产，并根据本期产量扣除下期生产前已订货量后的余额确定可接受订货量，即可承诺存货。其次是大批量生产企业的主生产进度安排。大批量生产的特点是产品品种少，同品种产量大，其生产进度的安排可分成两种情况：如果市场需求相对稳定，可均匀安排生产，即在相等的时间段内生产量大致相等或逐步小幅递增，做到均衡生产；如果市场需求波动较大，可在均匀、跟踪、混合三种方式中选择比较适合的方式安排生产进度。最后是单件小批生产企业的主生产进度安排。单件小批生产的特点是产品品种繁多而很少重复生产，其生产进度的安排可按合同规定的交货期开始往前推算，交货期不仅要考虑产品从投料到产出之间的制造时间，还要包括设计、生产工艺准备、备料的时间。必要时，可根据合同规定的交货期适当考虑少量提前期。

主生产进度计划是在需求信息不完备的情况下编制的，实际需求与预测要求肯定有差异；不仅如此，企业内部生产条件也会发生变化导致生产能力的变动。因此，主生产进度计划在实施过程中进行修改是难免的。考虑到主生产进度计划的改变直接影响物料需求计划及其他管理活动，故应力求近期进度安排更加符合实际，并设定一个时间段，在该时间段以内的生产进度不能修改，如要修改只能修改该时间段以后的生产进度，以保证生产的稳定。

二、生产控制

（一）生产运作控制系统

1. 生产运作控制的内容

在生产运作管理中，生产运作过程控制担负着重要的任务。一是生产运作过程控制是实施生产作业计划的重要环节。生产作业计划是指导日常生产运作活动的依据，但生产运作系统外部环境与内部条件的变化，如原材料供应的波动、质量失控而出格、成品外运渠道不畅通、管理决策失误、信息传输失真等，常常使实际生产偏离计划或在工序之间出现不协调现象，必须对作业与运作进行必要的控制与调整，只有这样才能完成作业计划预定的目标。二是生产运作过程控制是保持物流畅通，实现有节奏的、均衡生产的重要手段。当生产运作过程中出现不协调、各工序在进度与数量上出现不同步时，必须从全局出发，考虑上下左右有关环节的作业现状进行合理调整和严格控制，只有这样才能维持正常生产秩序。三是生产运作过程控制是组织事故处理、恢复正常生产的重要保证。

生产运作控制的内容包括以下五个方面：一是生产进度控制，主要从时间维度上控制作业计划的实施；二是物流控制，主要从数量维度上保证物流畅通，节约消耗；三是质量控制，主要从质量维度上保证产品和工作质量符合用户显在和潜在的需求；四是成本控制，主要从价值维度上降低运作成本提高系统效益；五是资金控制，也是从价值维度上保证生产运作系统，提高资金的使用效益。

要实现以上控制，必须遵循以下原则：一是生产过程控制必须以生产作业计划为依据。因为作业计划是根据用户对品种、数量、交货期的要求编排的，它本身考虑了各生产环节之间作业进度的同步与物流的衔接，作业计划的完成意味着保证用户合同的完成和生产的正常进行。二是生产过程控制必须建立在准确的信息基础上。因为生产过程的控制与调整是根据生产线实际进度的现状做出的，失真的信息会导致判断的错误和决策的错误，不仅旧的矛盾解决不了，还会产生新的矛盾，造成生产秩序的混乱。三是生产过程控制必须从全局出发，实现高度集中统一的指挥。本位主义、各行其是就很难做出有效的控制。四是生产过程控制必须有预见性。预防生产中可能出现的脱节比已经出现脱节后再作调整，往往更加主动和有效。五是生产过程控制必须讲究时间性，以避免或减少生产中因失调而产生的不必要的损失。六是生产过程控制要有群众性。因为生产控制依据的信息来源于第一线作业者，生产管理决策与措施的执行也依靠第一线作业者，必须正确处理生产控制人员与作业者的关系，只有这样才能实行有效的控制。

2. 生产运作控制的方式和程序

生产运作控制的方式有事后控制、事中控制与事前控制，前面两种采用反馈控制原理，后一种采用前馈控制原理。

（1）事后控制是最早的一种控制方式，也是使用最多的方式。它将当期生产运作活动的成果与计划目标比较分析后，提出控制措施，指导下一轮生产活动。事后控制对当期来说，虽然已是既成事实而无法挽救，但生产运作是一个连续的、循环的过程，对改进下一期工作仍有指导意义。由于事后控制实施简单、费用低，因此它仍是一种有效的控制方式。

（2）事中控制把控制的目标提前到当期生产运作活动中，即在生产运作过程中及时采集各种状态变量的信息，与标准和目标进行比较分析，发现问题及时解决，将偏差消除在萌芽阶段，以免造成被动与损失。事中控制显然比事后控制进步，但它要求有高效的信息处理系统与果断迅速的决策系统，费用也比较高。

（3）事前控制进一步将目标设定在防患于未然上，在生产运作开始前即周密地预测可能出现的扰动因素，采取各种预防措施，将生产运作控制在期望的轨道上。事前控制的效果比事后、事中控制都好，但对控制人员的要求也更高。

生产运作控制的基本程序如下：一是制定标准，即对各种生产运作要素、状态变量和控制变量确定共同遵守的目标和规范，如各种计划值和技术经济定额、技术标准与工艺规程等。标准的制定要有充分的科学依据，具有先进合理的水平，吸收生产运作的作业人员参与，符合生产运作的实际条件，使之真正成为判断生产运作是否正常进行的标准。二是测量比较，即通过数据的采集与处理，将生产运作过程的实绩与标准进行比较，发现偏差，分析偏差产生的原因。这一步的关键在于数据的采集要准确、及时、有代表性，数据的处理要科学、正确、快速，分析要实事求是、抓住关键、洞察本质，要定性与定量相结合。三是纠正偏差，即针对生产运作过程产生偏差或失控的原因，采取控制措施纠正偏差。纠正偏差的措施既可以是调节过程的输入，也可以在必要时修订计划。工作人员要充分估计到所采取措施的正面与负面反应，恰当地掌握控制力度；要落实措施的执行，监视控制进程，了解控制效果，对过程进行动态调节。

生产运作管理人员与作业人员分别在自己的职责范围内履行相应的过程控制任务，规模大、过程比较复杂的企业应设立调度室或生产控制中心，配备专职人员负责全局性的生产运作控制工作。

（二）生产运作过程的监控与调整

1. 生产运作过程的监控

对生产运作过程进行经常的、严密的监视与控制，及时发现生产运作过程中出现的脱节、异常或偏离计划的倾向，为进一步采取调整措施协调生产做好准备，是保证作业计划得以实施的重要条件。生产运作过程的监控包括核对和确认生产作业计划与制造命令；掌握生产进度，监督作业计划的实施；进行生产运作过程的物流控制；及时收集与整理生产运作实绩。

（1）核对和确认生产作业计划与制造命令。作业计划是企业组织生产的依据，生产运作控制的目标就是确保作业计划的顺利实施。因此，生产运作控制人员必须提前了解并与有关生产运作人员核对和确认作业计划与相应的制造命令，对有问题或错误的作业计划和制造命令与有关部门协调，进行及时的修改、补充和取消。当生产运作控制人员和作业人员得到相应的作业计划与制造命令后，便了解了生产运作过程控制的重点与要求，并对次日生产调整的方针早做准备。如果由于某些原因未能完全完成作业计划与制造命令，则应将遗留的部分转入下个生产运作周期的作业计划并确保其实施。

（2）掌握生产运作进度，监督作业计划的实施。生产运作过程的控制是建立在发现生产实绩偏离作业计划的规定的基础上的，因此，必须随时掌握生产运作进度的状况。一是及时掌握可能影响作业计划实施的各种因素，如原材料供应、设备运行状况等；二是掌握过去生产运作的实绩，主要是上一班，尤其是前 2 小时内的生产情况、设备状态，将实绩与日作业计划进行比较，预见本班生产运作中可能出现的问题；三是进行生产运作预测，目的是在分析各种生产信息的基础上尽可能做到事前控制，主动消除生产中可能出现的不协调现象；四是生产运作进度管理，随时监督各单位是否正确地执行作业计划，按规定进度完成生产运作任务，发现问题要督促其严格执行作业计划与制造命令，并采取补救措施消除偏差。

对于不同类型的生产运作过程，进度控制的方法和重点也有差别。例如，对于流水线生产，由于其产品基本标准化，工艺过程相对稳定，品种相对少而批量相对大，因此不重视每道工序的加工进度，主要控制几个关键节点与最终工序的生产数量，以达到均衡生产。用坐标图方法很容易显示出实际进度与计划进度的偏差。出现偏差的原因主要有设备故障、出现废品、操作不当等，可以通过加强设备维修、控制废品、设置库存等措施纠偏。

（3）物流跟踪和控制。为保证物流畅通、生产顺利，跟踪和控制物流非常必要，在有热加工流程的场合更加重要。物流的阻塞或中断对生产运作过程的持续进行都有不利影响，并导致效率低下、质量恶化，不能完成预定的生产运作计划。在生产运作过程中出现物流不通畅的原因：作业计划安排不当，或未按作业计划组织生产运作活动，或存在瓶颈环节，造成上下或相邻工序不同步、不衔接、不平衡，打乱了应有的生产运作节奏；生产运作过程异常，如设备故障、出现较多废品，操作失误，原材料异常波动，能源动力中断；等等。企业内部运输组织不良，运输能力与生产不匹配，通道阻塞，导致物品积压；生产运作线的组织过于刚性，缺少缓冲与柔性，无法适应环境或市场需求的变化。生产运作控制人员要随时掌握物流状态，详细记录各工序生产、物流流向、库存、出厂物品的品种与数量，做好物流平衡，发现问题及时处理。

（4）实绩的收集与整理。生产运作控制人员要时刻掌握生产实绩，并与作业计划核对分析。收集生产实绩的内容，包括生产运作的数量、品种、质量与进度，各主要设备的状况，物流状态（时间、流向及数量），主要技术经济指标等。通过实际数据的采集、登录、加工、分析，得到有用的生产运作信息，从中发现问题，改进生产运作过程，达到控制的目的。

2．生产运作作业的调整

在日常生产运作中，实绩偏离作业计划的现象是经常发生的，因为原材料供应的波动、设备临时故障、生产组织的失误与操作上的过失等因素，在编制作业计划时往往始料不及。

生产运作作业调整的目标仍然是原来的作业计划。因为它已经考虑了各生产环节之间的均衡与节奏，为按合同要求交货选择了最佳的生产运作方案。作业调整应采取措施消除偏离因素，把生产运作秩序尽快地恢复到作业计划规定的轨道上来，继续执行原作业计划。当偏离程度较大或偏离原因无法在短期内消除时，应调整原有作业计划或重编新的作业计划。

（三）生产运作信息管理

1．生产运作信息管理与控制

信息是指有序的数据组合，而数据则是反映客观事物的信号、字符、数字、图像等符号。数据只有经过处理才构成能提高人们认识的有用信息。正确组织和管理生产信息是科学的生产管理的基础。信息的流动形成了信息流，生产运作的信息流是伴随着生产运作过程中的物流而产生、流动的。按它们在生产运作过程中的作用，可以归纳为以下三类：

（1）计划信息流。一方面主要作为编制生产运作计划的依据，另一方面主要作为信息和计划下达的信息构成。前者由有关业务部门向计划编制部门提供，后者由计划编制部门流向实施单位和相关业务部门。一般地说，计划信息流是比较规范的。

（2）控制信息流。它是日常生产运作组织的“神经系统”，大体由三类信息组成：一类是标准查询信息，包括各种标准类信息（如定额与技术标准）、制度性查询信息（如岗位责任制），作为控制的依据；第二类是物流跟踪信息，如作业进度信息、设备运行状况信息、生产异常信息等，用来掌握作业计划实施进度，发现偏差，提出控制措施；第三类是指令信息，如生产调整指令等。三类信息中物流跟踪信息量大、实时性强、处理复杂。

（3）实绩信息流。它反映生产运作的结果、产品与服务的状态。实绩信息是实时记录、统计而成的，通过台账、报表、记录、分析、文件等形式送达信息使用单位。生产运作信息的管理与控制包括原始数据的收集、分类、排序、计算、比较、存贮、传输、检索、输出、使用等环节的管理，尤其是信息的使用是信息管理的最终目的。做好生产运作信息的管理，必须掌握以下要点：设计并认真填写和保存好各种生产运作的原始记录，保证原始记录的全面、准确、客观、实时；不允许事后追记、遗漏项目与主观臆断；生产配备先进的、准确的数据采集与计量的设备，规范采集与计量的方法；保证计算与统计口径的统一，并由相应部门归口协调；实现信息管理的标准化与规范化，所有信息的输入、处理与输出都有明确的、规定的流程；建立严格的责任制，信息的收集、处理、传输都由专人负责、专人确认，保证信息的质量。

2. 基于计算机的生产运作信息系统

（1）计算机辅助工程（CAE）。包括计算机辅助设计与计算机辅助制造在内的综合系统。前者可定义为利用计算机去开发、分析和优化一个工程设计所进行的各种设计活动；后者则定义为通过计算机与企业生产资源的直接或间接接口联系实现计算机对制造过程的规划、管理和控制。

（2）生产运作管理信息系统。企业管理信息系统中的一个重要子系统，其主要功能包括编制生产计划、进行订货处理、分配和下达生产作业任务、计算物料需求、控制生产过程、收集实际数据，覆盖了生产运作管理的全过程。从物流的角度看，它不仅包括对物料移动、加工处理进行管理，还包括了对采购、库存、制造、运输的管理；从信息流的角度看，它根据市场信息与用户订货进行需求预测与合同处理，制订销售计划和生产计划，进而提出对物料的需求，进行采购管理，控制生产过程，组织产品出厂，进行大量信息处理与传输工作。

（3）计算机集成制造系统。企业生产经营活动的功能从市场预测、产品设计、制造装配到售后服务是一个不可分割的整体，要从全局出发，统一考虑；整个生产过程实质上是一个数据的采集、传输、处理的过程，而最终形成的产品可以看作数据的物质表现。人们可以通过系统化、集成化技术将企业的各个职能领域与业务流程组合成一个整体，有效地利用信息资源，实现系统的优化，提高企业的效率和效益。

计算机集成制造系统是将计算机集成制造思想付诸实施的一种技术，它利用计算机将制造技术、管理技术、控制与通信技术结合起来，对制造企业中全部生产活动的信息统一处理，谋求整体优化，快速响应市场，提高企业的竞争力。

由此可见，计算机集成制造的核心思想是系统的集成，包括技术的集成（含制造技术、管理技术、系统分析技术等）、功能的集成（从市场预测到售后服务），将全部功能形成一个整体，共享数据的集成，从而将过去相互割裂的部门与一个个自动化孤岛整合成有机的整体。

第五章　营销管理

第一节　营销战略与环境

一、市场营销的内涵

市场营销是一种创造性的行为。市场营销不仅要寻找已经存在的需要并满足它，而且要激发和解决顾客并没有提出或意识到的潜在需要，使他们热烈响应企业的营销行为。

二、市场营销的基本核心要素

在市场经济条件下，市场营销是一个很宽泛的经济术语。从服务到制造，从信息到渠道，从个人到组织，甚至从政治到社会，都可以有自己特定的市场营销含义。然而，服务、交换和营销管理等始终是构成市场营销的基本核心要素。

三、市场营销环境的内涵

人生活在特定的环境中，企业也是如此，企业的营销活动是在一定的外界环境条件下展开的，称为市场营销环境。企业的营销会受到周围环境的影响，而环境处于变动之中，随时会给企业带来机会和威胁，企业只有适应环境，主动发现、分析和预测环境，才能生存下去。

环境的客观性决定了企业在这些不可控的因素面前必须结合企业内部实际，抓住市场机遇，防范外部威胁，利用自身条件扬长避短，只有这样才能取得竞争的优势和长久的发展。

四、市场营销环境的特征

市场营销环境虽然多变，但是人们可以遵循市场规律，有效引导和利用，其特征主要表现为“五性”：一是客观性；二是动态性；三是差异性；四是相关性；五是不可控性。

不同国家或地区、企业之间的营销环境存在着广泛的差异，因此，一些跨地区企业为适应不同的环境及其变化，必须采用有特点和有针对性的营销策略。企业需要时刻注意、分析其生存发展的内外部环境，从而适应形势的发展。

五、市场营销环境的分析方法

分析市场营销环境是企业进行经营和获取利润的前提，是有效制定营销策略的保证。企业面对的市场营销环境多种多样，分析市场营销环境就是找出有利于企业经营的机会，规避不利于企业经营的威胁。在现实生活中，机会与威胁往往是相伴而生的，而且不同企业的内部环境特点各不相同，因此营销环境分析必须将内外因素结合起来考虑。

（一）市场机会和威胁矩阵分析法

企业面对四种业务，需要采用不同的营销对策：首先，对于理想业务，企业有非常好的发展前景，对企业最为有利，但这样的情况是很少的，因此需要抓住机遇，迅速行动，否则会丧失机会；其次，对于成熟业务，企业要维持正常运转，并为开展理想业务和冒险业务准备必要条件；再次，对于冒险业务，要全面分析自身的优势与劣势，扬长避短，创造条件，争取突破性发展；最后，对于困难业务，面临较大的环境威胁，而营销机会也很少，如不能减少环境威胁，企业将陷入经营困难境地。因此，需要努力改变环境，走出困境或减轻威胁；或立即转移，摆脱无法扭转的困境。

（二）微观环境分析方法

微观环境分析方法主要指波特五力模型：一是供应商的议价能力；二是购买者的议价能力；三是新进入者的威胁；四是替代品的威胁；五是同业竞争者的竞争程度。

第二节　消费者市场及目标市场营销策略

一、消费者市场的内涵

随着市场竞争的加剧，研究市场内在规律、把握市场变化趋势对企业来说越来越重要。消费者市场是指为满足个人或家庭物质、文化生活需求而购买货物和服务的一切个人和家庭。企业或营销人员需要认真研究、分析消费者市场的特点，根据消费者市场的需求状况，结合自身的特点来规划好企业生产经营活动，以便为消费者提供满意的商品和服务。

二、消费者购买动机

（一）消费者购买动机的含义

动机是直接推动个体去行动以达到一定目的的内在动力，动机的形成以需要为基础。当个体产生某种迫切的需要或欲望，并且达到足够的强度时，才有可能产生动机。购买动机是消费者最终购买行为的直接驱动力。消费者的动机有着明确的目的性，但同时也具有更加复杂的特性。

消费者的购买会受文化、社会、个人、心理特征的强烈影响。多数情况下，营销人员不能控制这些因素，但必须考虑这些因素。市场营销人员研究消费者的购买情况可以得到问题的答案。

（二）消费者购买动机的特性

1．指向性

动机总是指向一定方向的，动机不仅能引起行为，而且能使行为指向一定的方向。消费者一般同时存有多种动机，有些动机甚至是相互冲突的。其结果是某种最强烈的动机使人的行为在一定范围内，朝着特定的方向，有选择地决定购买目标，即首先满足人们最强烈、最迫切的需要。消费者对于引起动机的刺激物的接受往往是自觉和主动的。动机的形成可能源于消费者本人的内在因素，也可能源于外部因素的激发。而当消费者对于需要有了明确清楚的认知和强烈的满足欲望后，就会非常主动地接受外部刺激，自觉地收集与商品有关的信息，有选择性地加以利用。

2．强化性

强化性是动机的强度特性。动机的强度越高，行动越积极努力。消费者在购买某一种或某一件商品时，动机越强烈，越容易形成购买决策。同时，动机的强化作用也可影响购买行为，即行为的结果对行为本身会产生强化和弱化的作用。比如，良好的信誉及优质的产品和服务可能强化消费者的购买动机，强化他们的购买行为，从而形成再次购买；反之，则会导致消费者拒绝购买。

3．清晰性

清晰性是指消费者对购买目标指向的集中程度。在其他因素相同的情况下，当多种动机之间发生矛盾时，个人行为往往受到主导动机的支配。因此，消费者对目标集中性的强弱反映了消费者对主导动机的辨别能力的强弱。

（三）消费者购买动机的具体类型

1．求实动机

求实动机是指以追求产品的实用性为主要目的的购买动机。

2．求便动机

求便动机是指以购买活动中是否方便为依据的购买动机。主要体现在产品本身属性的方便性和购买活动中便利的购买程序和条件。

3．求名动机

求名动机是指通过一些特殊产品，如名牌产品或具有某种象征意义的产品来宣扬自我的购买动机。知名品牌、稀有商品、高档消费是这类动机消费者关注的目标。

4．储备性动机

储备性动机是指以储备产品的价值或使用价值为主要目的的购买动机，在形式上表现为两种：一种是保值储备，如购买债券、房产等；另一种是市场上的不安定因素使消费者出于安全的考虑而进行的储备，如饮用水污染造成大量市民储备饮用水的情况。

5．纪念性动机

纪念性动机是指以记住人、物、场景、氛围而留下回忆为目的的购买动机，如旅游市场上各种纪念品、摄影服务就能使具有这类购买动机的消费者在一定程度上得到满足。

6．偏爱性动机

偏爱性动机是指以追求满足个人的某种爱好为主要目的的购买动机，如音响的发烧友、摄影爱好者等，都会根据自己的爱好对与之相应的产品格外关注。

7．模仿性动机

模仿性动机是指以追求自己喜爱的、崇拜的名人或偶像为目的的购买动机，如模仿自己崇拜的某位明星的服饰而购买相似的服装。

以上列举的是现实生活中一些常见的，但也是有限的消费者购买动机类型，现实生活中消费者的购买动机比列举的要复杂得多。

（四）消费者购买行为模式

由于消费者的购买决策过程受心理活动的影响和支配，难以具体地观察和测量，人们可以通过外部刺激量与消费者最后的行为（反应）之间的联系来判断消费者的决策过程。人们在内心活动过程中除心理因素对消费者决策过程有影响外，还包括其他的消费者个人的或社会的因素。行为反应的产生也包括对购买后的行为的研究，主要是购买后的评价及商品的处置，因为这关系到消费者下一次的购买活动。消费者购买行为是多样的，对于营销决策而言，通过对消费者购买行为一般模式的把握，能够认识到消费者购买行为的普遍规律。

三、消费者决策类型

（一）名义型决策

名义型决策又称习惯型购买决策，实际上就其本身而言并未涉及决策。

一个纯粹的名义型决策对其他牌子和它们的价格或其他潜在的相关因素压根儿没有考虑。

（二）有限型决策

有限型决策是介于名义型决策和扩大型决策之间的一种决策类型。有限型决策涉及对一个有着几种选择方案的问题的认知。信息的收集主要来自内部，外部信息收集比较有限，备选产品不太多，而且只是运用简单的选择规则对相对较少的几个层面进行评价。除非产品在使用过程中出问题或售后服务不尽如人意，否则事后很少会对产品的购买与使用进行评价。

四、影响购买行为的主要因素

消费者的购买会受文化、社会、个人、心理特征的强烈影响。多数情况下，营销人员不能控制这些因素，但必须考虑这些因素。

（一）文化因素

人类的行为多数是学来的。一个孩子在一个社会里长大，从家庭和其他机构学到基本的价值观、知觉、需要和行为。文化因素中另一个非常重要的区分面是社会阶层。在一些领域中，社会阶层表现出明显的产品和品牌方面的偏好。一个人的社会阶层可能影响其诸如选择相机之类的购买行为。

（二）社会因素

一个消费者的行为也要受社会因素的影响，如消费者所处的群体、家庭、社会角色与地位等。一个人可以同时属于多种组织，如家庭、俱乐部或其他组织。人在组织中的位置可以用作用或地位来定义。个人与父母在一起时，可以是子女；在自己的小家庭中，可以是丈夫或者妻子；而在公司，则又可以是品牌经理。作用是指一个人在群体中人们期望他所做的活动，他的每个作用都会影响他的购买行为，每个作用都代表一种地位，这反映了社会对这种地位的承认。人们常选择代表社会地位的产品，如作为品牌经理的购买行为通常会选择反映其地位和作用的服装。

五、问题认知过程与营销策略

（一）问题认知过程

随着时间的推移，各种情绪（如厌烦、焦躁或抑郁）会或快或慢地产生。这些情绪常被作为支配购买行为的问题而被认知（如“我心情不好，所以我要去逛逛商店或看场电影或到外面吃顿饭”）。有时，这些情绪会导致未经认真思考的细分行为，如一个感到焦躁不安的人会下意识地决定去吃顿快餐。在这种情形下，“问题”并未真正被认知（在有意识的层次上），其尝试的解决方法通常也并不奏效（大吃一顿并无助于焦躁情绪的缓解）。

营销者不仅会通过发展各种产品来帮助消费者解决问题，而且他们也常试图帮助消费者认识各种消费问题，有时甚至是在这些问题尚未萌芽之时。

1. 问题认知

缺乏对问题的认知，就不会产生决策的需要。相反，当消费者的愿望与其觉察到的实际状态有差别时，问题认知则产生。

2. 解决被认知问题的愿望

消费者解决某一特定问题的意愿水平取决于两个因素：理想状态与现实状态之间差距的大小；该问题的相对重要性。

（二）问题认知与营销策略

1. 消费者问题的衡量

发现消费者面临的问题有很多种方法，最常用的无疑是直觉，即管理者可分析某类特定的产品，然后逻辑性地决定可以做哪些改进。例如，静音吸尘器和洗碗机就是针对消费者面临的潜在问题得出的合乎逻辑的解决方法。这一方法的缺点在于，通过这种途径识别出的问题可能对大多数消费者来说并不重要，因此还需要发展和运用其他的研究技术。

比较典型的研究技术是调查，即询问大量消费者以了解他们所面临的问题。另一种常用的技术是集中小组访谈。小组由 8 ～ 12 名身份相近的人，如大学男生、律师或十几岁的女孩组成。将这些人集中到一起讨论一个特定的话题，现场则由一位主持人来引导，以防止讨论偏离正题。

2．对问题认知的反应

例如，很多人出于健康或减肥的目的希望减少脂肪的摄入量，但他们又舍不得放弃享受美味食品和零食，于是霍希公司便研制出了“约克”牌薄荷小方糖——一种低脂糖果来解决这个问题。

3．问题认知的激发

有时营销者希望引起问题认知，而不只是被动地对其做出反应。例如，对于玩具营销者来说，应该通过在一年中的其他时候激发问题认知，以改变其销售过分依赖圣诞节的情况。

电话销售经常试图激起问题认知，一部分原因是销售人员能将外部信息收集并限于一个品牌。协作式或合作式广告通常集中于一般性问题认知，这方面最成功的两个例子是牛奶和猪肉。企业可以通过改变理想状态或对现实状态的认识来影响理想与现实状态差距的大小；或者，它可以通过影响消费者对现有差距重要性的认识来达成目的。有证据表明，对于改变理想状态或现实状态的尝试，不同个体以及同一个体在不同产品领域的反应均存在差异。因此，营销者必须确保其选择的方式对其所在产品领域和选择的目标市场均是合适的。也有人对激发问题认知是否合乎道德产生怀疑。对于与社会地位和社会接受程度相关的各种问题而言，这类争论常在“创造需求”的主题下展开。

有些公司，如保险公司试图通过大众媒体的宣传引起问题认知，还有一些公司则更多地依赖卖场商品陈列和其他商场内的影响手段而引起问题认知。制造商和零售商都参与了这方面的努力。比如，在雪季来临之前，一家大五金商店就在店内醒目处放了一个巨大的雪铲，旁边的广告牌上写道：“还记得去年冬天你需要雪铲的时候吗？冬天将近，快快准备！”

六、市场细分

市场细分的立足点是市场消费需求的不同，市场细分并不是产品的划分，而是消费群的划分。另外，市场需求是已经出现但尚未得到满足的购买力，它有助于尽快掌握目标市场的特点，从而更好地为顾客服务，发挥最大的市场营销效果。市场细分的原则：一是可衡量性；二是可进入性；三是有效性。

根据各个细分市场的独特性，结合公司经营的目标，有三种目标市场策略可供选择。

首先是无差异性市场营销策略。无差异性营销战略指公司只推出一种产品，或只用一套市场营销办法来招揽顾客。无差异性营销策略可以有效降低成本。由于产品单一，不能满足不同消费者的需求和爱好，用一种产品、一种市场营销策略去吸引和满足所有顾客几乎是不可能的，即使一时被承认，也不会被长期接受，容易受到竞争对手的冲击。当企业采取无差异营销策略时，竞争对手会从这一整体市场的细微差别入手，参与竞争，争夺市场份额。其次是差异性市场营销策略。它能够满足不同地区消费者的需求，增加产品的总销售量，同时使公司在细分市场上占有优势，从而提高企业的知名度，在消费者心中树立良好的公司形象。缺点是会增加各种费用，如产品改良成本、制造成本。最后是密集型市场策略，是把企业资源集中在一个或几个小型市场中，不要求在较多的细分市场上得到较小的市场份额，而要求在较小的市场上得到较大的市场占有率。这一战略适合资源薄弱的企业，但经营者承担的风险较大。

第三节　产品策略及价格策略

一、产品与产品生命周期

（一）产品的内涵

产品是指能提供给市场，供其使用和消费的可满足某种欲望和需要的任何东西，包括实物、劳务、场所、组织和思想等。产品整体的三个层次是核心产品、形式产品和延伸产品。

（二）产品生命周期

产品市场生命周期一般可以分为四个阶段：投入期、成长期、成熟期和衰退期。企业最常用的判断产品生命周期阶段的方法有下面两种：一是类比法，是指根据以往类似产品生命周期变化的资料，通过数据对比从中得到启发，进而预测本产品所处的生命周期阶段的方法，如传统的功能手机从研发、发展到最终被市场淘汰，经历了特定的过程，而作为最核心利益不变的智能手机的发展也应该与之有相似之处，因此可通过对比预测智能手机的生命周期发展阶段；二是销售趋势分析法，其借助销售增长指标，通过对经验数据的比较来判定产品所处的生命周期阶段，以指导市场营销活动实践。

（三）产品生命周期各阶段的营销对策

1．引入期

一是产品策略。由于投入期产品刚推出不久，各种性能尚未完善，表现不够稳定，消费者之所以接受该新产品，更多出于好奇、尝鲜的心理，但是这种心理并不能持续过久，同时产品质量应该同步提升，否则不能带给消费者价值满足感。因此，此时的主要任务在于加快产品定型，完善性能，稳定质量。二是价格和促销策略。投入期企业可以通过促销成本与价格水平的组合制定有效的营销策略。三是渠道策略。此时市场规模尚小，为了提高效率，一般采取短渠道，以加强消费者与企业之间的联系。

2．成长期

企业为维持高速的市场增长率可以采取以下策略：一是产品策略，如改进产品质量、式样、包装等，以适应市场的需要；二是价格策略，如适当降低价格以提高竞争能力和吸引新的顾客；三是渠道策略，如开辟新的渠道，扩大商业网点，顺应增长趋势，开辟新的市场领域；四是促销策略，如改变广告宣传目标，由建立和提高知名度逐渐向建立产品信赖度转移。

3．成熟期

成熟期是企业收获的黄金时期。在这一时期，大多数购买者都已经接受该产品，销量巨大而稳定，这一时期的主要任务是延长成熟期。

4．衰退期

在衰退期，由于技术进步，消费者需求偏好变化，销售额和利润不断下降，企业往往处于微利或者无利状态。一是收获。维持销售，逐渐缩减成本，尤其是研发和固定投资，可以大增现金流。二是维持。在未解决行业的不确定因素前，保持原有投资水平。三是放弃。对于衰退过快的产品，可以立即抽取资金，投入其他产品。但需要注意的是，对于已经销售出去的产品，还要保证其已承诺的服务，否则将会给企业的声誉造成不良影响。

二、产品组合决策

（一）产品组合的内涵

产品组合是指一个企业生产与经营的产品花色品种的配备，包括所有的产品线和产品项目。产品线即产品大类，而产品项目就是产品线中一个明确的产品单位，它可以按尺寸、外形、价格等产品属性来区分，也可以依品牌来区分，如男士西装、男士休闲装及男士风衣等。

（二）产品组合与决策

企业经过产品组合衡量与优化分析之后，接下来可以根据市场需求和竞争形势，结合自身实力展开产品组合的调整工作。

1．产品线扩展

企业的每一个产品都有其独特的市场定位，如果企业一开始专注于生产中等档次的产品，随着市场行情的变化及企业自身发展的需要，则可以增加高档产品的生产，这称为产品线向上扩展策略；同理，企业也可以推出低档次产品，这成为产品线的向下扩展策略。当然如果条件允许，企业可以同时进行双向扩展。

2．产品线填补

当企业遇到市场繁荣、资源壮大等良好时期，可以考虑在现有产品线的范围内增加新的产品项目，以填补现有产品线，从而更好地满足市场需求。

3．产品线收缩

当市场不景气或原料、能源供应紧张时，缩减产品反而可能使总利润上升。

4. 产品线现代化

当遭遇产品组合宽度、长度、关联度等各方指标恰当，但生产方式却相当落后的境遇时，企业就必须考虑引进崭新的生产方式以改进产品线，即采取产品线现代化策略。

三、新产品开发决策

（一）新产品的内涵

对于新产品，不同于一般科技开发上的新产品含义，营销领域倾向于从“产品整体概念”角度来理解，认为产品在任何一个层次上的更新，只要能给消费者带来新的利益，即可视为新产品。具体可以区分为四种新产品：一是完全创新新产品；二是升级换代新产品；三是改良新产品；四是模仿新产品。

（二）新产品开发的程序

新产品遵循一套严格的程序展开，这能一定程度提升新产品开发的成功概率。具体步骤如下。

1. 创意形成

新产品开发过程的第一个阶段是寻找产品创意，即对新产品进行设想或创意的过程。

2. 创意筛选

一般筛选出五个概念。

3. 概念的形成与测试

概念形成就是以消费者的语言对产品加以描述。例如，企业计划生产某种智能手机，可将这一产品构思描述为“供 25 ~ 35 岁的青年人使用，可以被遥控、通话、阅读信息等，以及前方两米范围形成具体图像，手指可以在空气中操控图像”这一新产品概念。

4. 初拟营销计划

初步确定新产品的营销计划，具体包括以下内容：一是描述目标市场，主要从目标市场是谁、有什么样的特点、规模有多大等方面进行描述；二是预测产品第一年的预期价格、分销渠道、销售量；三是经营情况预期。

5．商业分析

对新产品进行经济效益评价，预测销售额、推算开发与销售成本、估算利润和投资回报率，从经济效益方面考察新产品是否值得推出。

6．新产品的研制

经过上述分析之后，把新产品概念交由具体的技术工艺部门，由他们转换成真正的实体产品，这一阶段极具挑战性。

7．市场试销

对已经制定的营销方案进行小范围实地测试，主要目的在于考察新产品在现实市场上的表现，以便发现存在的问题，为后期的批量上市提供借鉴。

8．批量上市

新产品试销成功后，就可以正式批量生产、全面上市。

四、品牌决策

品牌决策是产品策略中极其重要的部分，然而品牌决策是一项复杂的系统工程，当中涉及因素众多，因此也是非常困难的一个过程。一个完整的品牌运营过程包括以下多方面的品牌决策。

（一）品牌化决策

一是无品牌策略。适用于未经过加工的原材料。二是品牌化策略。品牌策略是指企业的营销部门对其销售的产品确定相应的品牌。是否需要命名品牌，这是企业营销管理的重要方面。

（二）品牌归属决策

品牌归属决策是指决定品牌所有权归谁所有的问题。现实生活中随处可见制造商品牌，也可以到处看到经销商品牌，具体影响因素是产品品种、企业实力等。

（三）品牌延伸决策

品牌延伸指的是把现有品牌应用到新的产品上，使新产品直接冠名为已有品牌。例如，娃哈哈公司一开始生产娃哈哈 AD 钙奶，然后又生产矿泉水，命名为娃哈哈矿泉水，这就是娃哈哈品牌的延伸。品牌延伸决策需当心产品技术及市场关联性等问题，否则一旦延伸失败，将给原来的产品销售造成不可估计的后果。

（四）品牌重新定位决策

随着时代的发展，市场环境发生巨大变化，市场的消费需求特点可能发生改变，当某一品牌原先的定位不能满足目标市场的要求时，应当重新考虑赋予品牌新定位的问题。重新定位一般是不得已而为之，比较成功的例子有美国万宝路的重新定位。

五、基本定价步骤

（一）选择定价目标

一般而言，可以通过定价追求以下四个目标：一是生存；二是当期利润最大化；三是市场份额领先地位；四是产品质量领先地位。

（二）确定需求水平

企业制定的每一种价格都将导致一个不同水平的需求，以及由此对它的营销目标产生的不同效果。

（三）估算成本

需求为企业制定其产品价格确定了一个最高限度，而成本是底数。企业想要制定的价格应包括所有生产、分销和推销该产品的成本，还应包括对企业所作的努力和承担风险的一个公平的报酬。

（四）分析竞争价格

在由市场需求和成本所决定的可能价格的范围内，竞争者的成本、价格和可能的价格反映在帮助企业制定它的价格上。如果企业提供的产品与一个主要竞争者提供的相似，那企业必须把价格定得接近于竞争者，否则就可能会失去销售额。

市场需求为企业制定价格规定了一个最高限额，如果企业对产品的定价高于这个限额，那么需求将急剧减少；成本因素则构成了产品价格的底线，如果价格低于这一水平，则企业无利可图，也不可能长久；同行竞争者制定的价格及它们的预期价格反应也制约了企业的价格制定。企业采取定价方法的时候需主要综合平衡三方面的因素：一是基本定价法；二是需求导向定价法；三是竞争导向定价法。

六、价格变动的应对

（一）消费者对降价的心理反应

调低价格后，本来应该刺激消费者的购买动机促使他们大量购买和重复购买，结果却发现相当一部分消费者作出了相反的反应。这种心理行为的发生主要有两方面原因：一是认为式样旧了，将被新产品代替；二是认为价格还要进一步下跌。

（二）消费者对提价的心理反应

价格调高时，本来应该减少购买这些商品的数量，结果却发现一些消费者反而积极购买。产生这样的心理行为有以下一些原因：一是认为产品很畅销，不赶快买就买不到了；二是认为提价的商品还将会继续提价，要尽早买，先买下来保值；三是认为产品很有价值。

（三）企业对竞争者调价的反应

一是竞争者变动价格的目的是什么，是想扩大市场份额还是因为成本变化，或者是充分发挥其以获得有利需求；二是竞争者的价格变动是长期的还是暂时的；三是其他竞争者对此会做出什么反应；四是本企业对竞争者的调价作出反应后，竞争者和其他企业又会采取什么措施。

（四）企业应变的对策

当企业遇到竞争者降价时，可采用以下措施。

一是维持原价。适用场合：如果降低，会失去很多利润；不会失去很多的市场份额，必要时会重新获得市场份额。二是维持原价和增加价值。企业可以改进产品、服务和信息沟通。三是降价。适用场合：领导者的成本将随着数量增加而下降；它将失去很多的市场份额，因为本市场对价格是敏感的；一旦失去市场份额，它要用尽全力去重新获得市场份额。这个行动在短期内会减少企业的利润。

价格是把双刃剑，它能将对手斩于马下，同时也可能伤害到自己。成功的价格策略必定是与其他营销策略的有效组合。

第四节　分销渠道策略及促销策略

一、分销渠道

（一）分销渠道评估指标

不同企业的渠道网络各不相同，因此在对中间商的评估上需要根据企业实际情况，选择合适的指标体系与方法。主要的指标有以下各项：一是销售指标完成情况；二是平均存货情况；三是产品市场占有率；四是中间商对顾客的服务水平；五是向生产企业支付货款的情况；六是中间商的利润及发展趋势；七是中间商与生产企业的配合程度；八是中间商的管理水平与能力；九是对顾客退换产品的处理。

（二）调整分销渠道

一般来说，对分销渠道的调整有三个不同层次：一是增减分销渠道中的个别中间商；二是增减某一个分销渠道；三是调整整个分销渠道。分销渠道是否需要调整、如何调整，取决于其整体渠道的分销效率。

二、促销策略

（一）促销的内涵

市场的一体化和产品的同质化使得竞争加剧，企业把重头戏从“产”转到“销”上来，因此取得消费者的认可，将企业形象和产品信息传递给目标受众是企业营销的重点。促销概念的核心就是信息沟通，通过与目标受众的沟通，达到引发刺激消费者购买的目的。

（二）促销的作用

1．传递信息，强化认知

通过促销宣传，用户可以知道企业的产品的特点、购买的地点、购买的条件是什么等，从而引起顾客的注意，激发并强化购买欲望，为实现和扩大销售做好准备。

2．突出特点，诱导需求

开展促销活动的重点是突出企业自身的优势，提高企业的知名度，增强消费者对企业的信任感，引导顾客需求，进而提升产品的销量，提高企业的市场竞争能力。

3．指导消费，扩大销售

促销就是通过提高消费者的认知，引导顾客，尤其是引导潜在顾客的需求，激发其购买动机，从而使市场需求朝着有利于企业销售的方向发展。

4．反馈信息，提升效益

企业只有把产品尽快地转移到消费者手中，才能实现产品的价值。如果产品卖不出去，产品的价值就无法实现，消耗在产品上的劳动也就得不到社会的承认。一般来说，产品价值的实现程度与经济效益是成正比的。对于企业来说，在成本和价格既定的情况下，产品销量越大，销售额越高，效益越好；反之，情况则相反。而要做到扩大销售、提高效益，就必须重视产品销售工作。

在促销策略制定的过程中，应考虑以下三个方面的因素：一是产品因素，即产品的性质；二是市场条件，要根据地理范围确定，小规模则以人员推销为主，大规模则多采用广告形式；三是促销策略制定的因素，这也是制定促销策略要重点考虑的问题，常以量入为出为基本原则。

（三）促销组合

1．人员推销

人员推销具有以下三个特点。第一，信息传递的双向性。推销人员可直接从顾客处得到信息反馈，同时可将企业和商品的相关信息及时有效地直接传达给顾客。第二，人员推销的多样性。推销人员可以根据不同类型的顾客采取相应的推销技术,以求获得最好的推销效果。第三,人员推销的高成本性。人员推销需要较大的人力、物力、财力，其基本形式有上门推销、柜台推销、会议推销。人员推销的步骤为识别潜在客户、事前准备、接近顾客。

在推销的过程中，接近顾客是正式接触顾客的第一步。在这个过程中，第一印象非常重要，推销人员一定要信心十足，面带微笑，选择合适的接近方式，及时消除顾客的疑虑和戒备心理，控制好接近的时间。与顾客见面时可采取下列方法：第一种是利益接近法，即利用商品的实惠引起顾客的注意和兴趣；第二种是介绍示范，运用恰当的方式介绍演示产品，突出产品的优势，刺激顾客的购买欲望；第三种是办理成交，在与顾客就产品达成一致时，要不失时机地为顾客办理成交手续，如填写相关资料、安排送货、货款结算等；第四种是事后跟踪，产品销售之后，帮助顾客解决产品使用过程中的问题，了解使用的情况，收集顾客的意见和建议是最容易被忽视的问题，及时周到的售后服务并不是推销工作的终点，而是新的起点，这也是区别推销人员能力素质的关键环节。

推销人员在一定程度上是企业的“名片”和财富。企业需要从战略的角度制订系统的推销人员选拔与培养规划，推销人员本身也需要从职业生涯规划的角度出发，努力提升综合素质。这既是企业销售工作的需要，也是推销人员职业发展的要求。一个优秀的推销人员，应具备良好的品德、夯实的知识基础、不断学习钻研的精神、良好的身体素质、良好的心理素质、较强的职业能力、良好的气质。

2. 广告促销

广告促销是组织或个人（广告主）为了推销产品或达到某种宣传的目的，支付一定的费用，并通过大众传播媒体向公众广泛传递信息的一种促销方式。

公共关系广告与商品广告的区别：广告内容不同；广告目的不同；立足点不同；着眼点不同；表现形式不同。

3. 公共关系

从内容上划分，公共关系广告可分为六种：一是塑造广告；二是倡议广告；三是影响广告；四是激励广告；五是致意广告；六是解释广告。

企业在运用公共关系广告时，必须注意坚持如下原则：一是真实性；二是创新性；三是含蓄性；四是适时性；五是长期性。

企业确定广告预算的主要方法有四种：量力而行法；销售百分比法；竞争对等法；目标任务法。

公共关系是一种促销策略，但又不同于其他的促销策略，而是有其独有的特点。第一，公共关系是一项长期性的促销活动。公共关系的主要目的是建立并维持各种社会关系，为企业广结良缘，以此树立良好的企业社会形象和声誉。与人的各种社会关系一样，企业的公共关系也需要在创建之后付出大量的努力来长期维持。因此，需要企业有计划、持之以恒地做出努力。第二，公共关系的对象十分广泛。企业在维持良好的社会关系时，不仅要注意维持与外部公众之间的社会关系，也要注意创建好与企业内部员工、部门之间的良好关系，这样才能使企业处于一个内外和谐的社会关系环境中。第三，公共关系是一种间接促销手段，并且追求的是利益相关者的双赢。它不是直接进行产品销售的，而是通过提升企业良好的社会形象和声誉，间接地达到产品销售的目的。因此，公共关系属于一种间接的促销手段。

公共关系的作用：一是收集信息。通过公共关系活动，企业可以收集到三种信息：首先是企业或产品形象信息，如消费者对企业的评价和对产品、服务质量的反映、评价等；其次是内部员工的意见、建议，企业通过了解内部员工的意见，能了解员工的内心；最后是企业外部各种客观环境的信息。二是决策参考。企业通过对利用公共关系所收集的各种信息进行综合分析，能够确立更好的决策目标，拟定决策方案，提供反馈信息，使企业的营销决策更加及时、准确。三是舆论宣传。公共关系不仅可以帮助企业获取外部信息，也可以对外部公众发布企业的内部信息，为企业树立良好的形象。四是交流沟通。企业的各项活动都需要进行内外部的良性互动，而这种良性互动的双方就是企业公共关系活动的主客体。五是社会服务。进行社会服务不仅能树立企业良好的形象，促进产品销售，同时能推动整个社会公益事业与伦理道德的发展。

公共关系的主要工具：一是公开出版物；二是事件营销；三是赞助；四是新闻；五是演讲；六是公益服务活动；七是形象识别媒体。

公共关系策略：一是宣传性公关；二是征询性公关；三是服务性公关；四是社会性公关；五是交际性公关。

4．营销推广

营销推广为消费者提供了有效的购买刺激。作为一种以刺激消费者购买欲望为主要目的的促销策略，营销推广具有以下特点：一是营销推广效果显著。由于很多营销推广工具能够为消费者提供直接的优惠，因此具有很强的吸引力和诱惑力。二是营销推广适应性强。由于营销推广的工具多种多样，因此可以根据各种不同的营销环境进行选择，其除了能很好地适应不同的营销环境，还能够与各种其他促销形式相结合，并辅助其他促销形式取得更好的促销效果。三是营销推广具有一定的副作用。由于企业运用营销推广为消费者提供的额外利益是需要企业付出额外成本的，而且营销推广的促销力度非常大，因此消费者可能会对此产生顾虑。比如，当企业对产品进行打折销售，并且折扣力度比较大时，消费者可能会产生疑问："企业为什么要打折？是不是产品质量有问题？或是产品快要到期了企业急于销售？"当消费者产生这些疑问时，其实已经对产品产生了一定的排斥心理。

营销推广的作用：一是增加产品的销量，作为一种重要的促销形式，营销推广对于企业来讲最重要的作用就是帮助企业增加产品的销量；二是有效吸引新顾客，营销推广的一些工具，如赠品、样品、抽奖等对于那些喜欢尝试新鲜事物的顾客来讲是一种极大的刺激或诱惑。

第六章　财务管理

第一节　财务管理概述

一、财务管理的概念

所谓财务管理，就是合理组织财务活动、处理财务关系的一种经济管理工作。财务活动就是企业生产经营过程中的资金运动；财务关系就是在资金运动过程中，企业与有关各方面发生紧密的利益关系。

企业是资源的集合体，其使命就是价值创造。为了实现价值创造的目的，企业需要加强管理，不断提高管理水平。企业管理包括多个方面，如战略管理、营销管理、技术管理、生产管理等，其中财务管理是一个非常重要的方面。财务管理不同于企业管理其他方面的特点是它属于价值管理，即对资金进行管理。企业经营管理活动一方面表现为实物运动，另一方面表现为价值运动。就实物运动来看，企业对原材料进行加工，先将其加工成半成品，再进一步加工成成品，通过销售将产品销售出去，然后又重新从事生产经营活动。就价值运动来看，在生产经营过程中，企业资金形态在不断地变化。货币资金首先转化为储备资金，然后转化为在产品资金和产成品资金，最后通过销售又转化为货币资金。由于企业生产是不断的再生产，因此，企业的资金运动是不断往复的。企业资金运动包括资金循环与资金周转。资金循环是指企业从货币资金形态开始，经过几个不同的阶段和形态，最后又转化为货币资金形态的过程。资金周转是指资金循环不断往复地进行。就企业经营管理来看，企业的实物运动是“表”，资金运动是“里”。资金运动是否顺畅，直接影响企业经营活动能否顺利进行。因此，加强财务管理、不断提高企业财务管理水平是企业管理的一个重要方面。

（一）财务活动

企业财务活动就是经营管理过程中的资金运动，主要包括筹资、投资、资金营运和资金分配等一系列活动。

1．筹资活动

拥有一定数量的资金是企业从事生产经营活动及扩大经营规模的前提。所谓筹资，就是企业为了满足生产经营的需要筹集资金的过程。企业可以通过发行股票、发行债券、吸收直接投资、银行借款等方式获得资金，这些不同的筹资方式有不同的特点。因此，在筹资过程中：一方面，企业需要根据战略发展需要和投资计划来确定各时期企业总体的筹资规模，以保证投资所需的资金；另一方面，要科学选择筹资渠道、筹资方式或工具，合理确定筹资结构，降低筹资成本和风险，提高企业价值。根据其性质的不同，企业的资金可分为权益资金和债务资金。权益资金属于企业的自有资本，可供企业长期使用，无须偿还；债务资金则具有一定的使用期限，到期后必须偿还。

2．投资活动

企业筹资的目的是将资金用于生产经营活动以取得盈利，不断增加企业价值。投资是指企业将筹集的资金投入使用的过程，企业可以将资金投放到厂房、机器设备等固定资产中，也可以投放到无形资产，如研发投资、购买专利等中，还可以投放到股票、债券等金融资产中。投资决策基本上决定了公司活动，以及企业价值增加与否，因此企业在进行资金投放时，需要明确投资方向，并对投资项目进行评估。

3．资金营运活动

为满足企业日常营业活动需要而垫支的资金，称为营运资金。因企业日常经营而引起的财务活动，也称为资金营运活动。在正常经营过程中，企业会发生大量的现金流入与现金流出，如企业采购材料或商品，支付工资和其他营业费用，企业销售商品后取得收入、收回资金。这些现金流入与现金流出无论在时间上还是数量上都是不匹配的，因此为了保证企业的正常经营活动，企业需要加强现金流量缺口管理。企业营运资金管理包括流动资产和流动负债两个方面。流动资产周转与生产经营周期具有一致性。在一定时期内，资金周转得越快，利用相同数量的资金就可以生产出越多的产品，取得越多的收入，获得越多的利润。流动资产管理涉及存货水平选择、收款政策和短期现金持有额的确定。流动负债是企业短期资金的主要来源，其到期时间短。企业流动负债越多，企业偿债压力越大，财务风险就越高。因此，在利用流动负债时，要充分考虑其偿还问题。为了用较少的资金来满足企业日常经营活动的需要，企业必须加强营运资金管理，制定合理的管理策略，提高资金的利用效率。

4．资金分配活动

企业通过有效的生产经营活动获得了利润，实现了价值增值。这部分实现的价值和价值增值需要进行分配。分配活动是整个资本运动的终点，同时又是下一轮资本运动的起点。企业分配活动的一个重要内容是确定利润支付率，即将多大比例的税后利润用于分配。过高的利润支付率会使现金流出过多，从而进一步削弱企业扩大再投资的能力，导致企业错失良机；过低的利润支付率可能导致投资者不满。

上述财务活动的四个方面并不是相互割裂的，而是相互联系、相互依存的。这四个方面构成了完整的企业财务活动，也是财务管理的基本内容，即筹资管理、投资管理、营运资金管理、利润及其分配管理。

（二）财务关系

企业在组织财务活动过程中会与有关各方面形成广泛的经济联系，这种经济联系被称为财务关系。企业的财务关系主要体现为以下七个方面。

1．企业与投资者（所有者）之间的财务关系

企业与投资者（所有者）之间的财务关系反映了经营权与所有权的关系。投资者要按照合同、协议、章程的约定履行出资义务。企业要负责资本的保值和增值，并在实现利润后，按出资比例或合同、章程的规定向投资者支付报酬。投资者作为企业的所有者，拥有剩余索取权，即对利润分配的权利。在企业分配利润时，所有者可凭借所有权凭证及其出资比例来获得剩余收益。

2. 企业与债权人之间的财务关系

企业与债权人之间的财务关系体现为债务与债权的经济关系。企业在经营过程中通常要借入一定量的资金，以满足经营和投资的需求。当债务到期时，企业不仅需要偿还本金，还要按约定支付利息。债权人拥有的是合同要求权，即按照借款合同的规定获得利息和本金。

3. 企业与受资者之间的财务关系

企业与受资者之间的财务关系体现为所有权性质的投资和受资关系。企业可以将其拥有的资金投入其他企业，如购买股票或直接投资。企业向其他单位投资，应按合同的要求将资金及时投入，并参与被投资单位的利润分配。

4. 企业与债务人之间的财务关系

企业与债务人之间的财务关系体现为债权与债务关系。企业将其资金以购买债券、提供借款或商业信用等形式出借给其他企业。企业作为债权人，有权要求其债务人按约定的条件及时足额支付利息并按期归还本金。

5. 企业与国家税务机关之间的财务关系

企业与国家税务机关之间的财务关系反映的是依法纳税和依法征税的权利义务关系。任何企业都负有按照税法规定缴纳各种税款的经济责任与义务，以确保国家财政收入的实现，满足社会的各种需要。税务机关应按照税种、税率的有关规定，依法向企业征收税额。

6. 企业与职工之间的财务关系

企业与职工之间的财务关系体现着职工个人与企业在劳动成果上的分配关系。职工向企业贡献了自己的聪明才智，提供了各种劳务，企业应按照职工提供的劳动数量和质量支付劳动报酬。这一方面满足劳动者的物质需要，另一方面通过分配激发劳动者的积极性。

7. 企业内部各单位之间的财务关系

企业内部各单位之间的财务关系主要指企业内部各单位之间在生产经营各环节中相互提供产品或劳务所形成的经济关系。企业是一个系统，由各部门如计划、供应、生产、销售等，以及各层级如厂部车间、班组等组成。

在生产经营过程中，这些不同的部门及各个层级之间由于实施经济责任制的需要，也会产生资金和财务成果的再分配关系。妥善处理这种关系，有助于促进各部门之间相互配合及协调发展，调动各单位工作积极性，提高企业经济效益。

除了上述几种主要财务关系，企业还与其他方面，如与原材料的供应者及客户等有着经济来往，发生着财务关系。企业的资金运动表面上看是一种物的运动，其实是一种人与人之间的财务关系。因此，必须透过资金运动的现象看到这种财务关系，并自觉地处理好财务关系，促进生产经营活动的顺利开展。

二、财务管理的特点

财务管理只是企业管理的一个方面，它与其他管理方面的不同之处在于它是一种价值管理，是对企业再生产过程中的价值运动所进行的管理。具体来说，财务管理的特点如下。

（一）涉及面广

财务管理与企业的各个方面具有广泛的联系。企业供、产、销、运、技术、设备、人事、行政等各个部门业务活动的进行，都伴随着企业资金的运动，都对企业的财务活动有着直接或间接的影响。因此，每个部门都要在合理使用资金和组织收入方面接受财务管理部门的指导，受到财务管理制度的约束。

（二）灵敏度高

财务管理能迅速提供反映生产经营状况的财务信息。在企业管理中，决策是否得当，经营是否合理，技术是否先进，产销是否顺畅，都可迅速地在企业财务指标中得到反映。例如：成品资金居高不下，常常反映产品不适销对路；资金周转不灵，往往反映销售货款未及时收取，并会带来不能按期支付材料价款、偿还到期债务的后果。相反，如果企业生产的产品适销对路，质量优良可靠，则可带动生产发展，实现产销两旺，资金周转加快，盈利能力增强。

（三）综合性强

财务管理作为一种价值管理，具有很强的综合性。资金、成本、利润等价值指标能全面、系统地反映各种财产物质的数额、结构和周转情况，反映企业各种人力消耗和物力消耗，反映各种营业收入和非营业收入及经济效益。应通过财务信息把企业生产经营的各种因素及其相互影响综合全面地反映出来，并有效地反作用于企业各方面活动，达到企业效益不断提高、财富不断增加的目的。

第二节　预算管理

一、预算的特征与作用

（一）预算的特征

一是预算与企业的战略或目标保持一致，因为预算是为实现企业目标而对各种资源和企业活动所作的详细安排；二是预算是数量化的并具有可执行性，因为预算作为一种数量化的详细计划，是对未来活动的细致、周密安排，是未来经营活动的依据。因此，数量化和可执行性是预算最主要的特征。

（二）预算的作用

预算的作用主要表现在以下三个方面。

1. 预算通过控制和引导经济活动，实现企业预期目标

通过预算指标可以控制实际活动过程，随时发现问题，采取必要的措施纠正不良偏差，避免经营活动的漫无目的、随心所欲，通过有效的方式实现预期目标。这样就可使各个部门从价值上了解本单位的经济活动与整个企业经营目标之间的关系，明确各自职责及其努力方向，从各自的角度去完成企业总的战略目标。

2. 预算可以协调企业内部各个部门之间的关系

为了使各个职能部门向着共同的战略目标前进，可以通过预算把企业

各方面的工作纳入统一计划，促使企业内部各部门的经济活动密切配合，统筹兼顾，全面安排，达到平衡。预算促使各部门管理人员清楚地了解本部门在全局中的地位和作用，尽可能地做好部门之间的协调工作，在保证企业总体目标最优的前提下，组织各自的生产经营活动，这样才能最大限度地实现企业整体目标。例如，企业的销售、生产、财务等各部门可以分别编制出对自己来说最好的计划，但该计划在其他部门却不一定能行得通。全面预算经过综合平衡后可以提供解决各级各部门冲突的最佳办法，代表企业的最优方案，可以使各级各部门的工作在此基础上协调地进行。

3．预算可以作为业绩考核的标准

预算是考核各部门工作成绩的基本尺度，作为企业财务活动的行为标准，能够使各项活动的实际执行有章可循。预算标准可以作为各部门责任考核的依据，经过分解落实的预算规划目标能与部门、责任人的业绩考评结合起来，成为奖勤罚懒、评估优劣的准绳。

二、主要预算类型的编制

（一）业务预算的编制

1．销售预算

销售预算主要是指通过对上年销售情况的分析，结合预期相关因素变化，根据企业预计年度的目标利润确定预计的销售量、销售单价和销售收入等编制的一种业务预算。销售预算是整个预算的编制起点，其他预算的编制都以销售预算为基础。销售预算的主要内容是销售量、销售单价和销售收入。其中，销售量及单价是根据对市场的预测及企业生产能力得到的，销售收入是二者的乘积，在销售预算中计算得出。销售预算中通常还包括预计现金收入的计算，主要是根据预计的各季度现金销售收入与回收应收账款反映现金收入，为编制现金预算提供必要的资料。第一季度的现金收入包括两部分，即上年应收账款在本年第一季度收到的货款，以及本季度销售中可能收到的货款。

2．生产预算

生产预算是为规划预算期生产规模而编制的一种业务预算，它是在销售预算的基础上编制的，并可以作为编制直接材料预算和产品成本预算的依据。其主要内容有销售量、期初和期末产成品存货、生产量。在生产预算中，只涉及实物量指标，不涉及价值量指标。

通常，企业的生产和销售不能做到“同步同量”，需要设置一定的存货，以保证能在发生意外需求时按时供货，并可均衡生产，节省赶工的额外支出。生产预算的“预计销售量”来自销售预算，期末产成品存货数量通常按下期销售量的一定百分比确定，预计期初存货量等于上季度末存货量。因此，编制生产预算的关键在于合理准确地预计各季度期末存货量。生产预算在实际编制时是比较复杂的，产量受到生产能力的限制，产成品存货数量受到仓库容量的限制，只能在此范围内来安排产成品存货数量和各期生产量。此外，有的季度可能销量很大，可以用赶工方法增产，为此要多付加班费。如果提前在淡季生产，会因增加产成品存货而多付资金利息。因此，要权衡二者的得失，选择成本最低的方案。

3．直接材料预算

直接材料预算是为了规划预算期直接材料消耗情况及采购活动而编制的，用于反映预算期直接材料的单位产品用量、生产需要量、期初和期末存量等信息的一种业务预算。直接材料预算以生产预算为基础编制，同时要考虑原材料存货水平。

4．直接人工预算

直接人工预算是一种反映预算期内人工工时消耗水平及人工成本开支的业务预算。直接人工预算也是以生产预算为基础编制的，其主要内容有预计产量、单位产品工时、人工总工时、每小时人工成本和人工总成本。“预计产量”数据来自生产预算，单位产品人工工时和每小时人工成本数据来自标准成本资料，人工总工时和人工总成本是在直接人工预算中计算出来的。

5．制造费用预算

制造费用预算是指规划除直接材料和直接人工预算外的其他生产费用

的一种业务预算。制造费用预算通常分为变动制造费用预算和固定制造费用预算两部分。变动制造费用预算以生产预算为基础来编制，如果有完善的标准成本资料，用单位产品的标准成本与产量相乘，即可得到相应的预算金额。如果没有标准成本资料，就需要逐项预计计划产量需要的各项制造费用。固定制造费用需要逐项进行预计，通常与本期产量无关，按每季度实际需要的支付额预计，然后求出全年数。在确定了制造费用预算后，为了便于以后编制产品成本预算，还需要计算变动制造费用及固定制造费用的小时费用率。

6．产品成本预算

产品成本预算是销售预算、生产预算、直接材料预算、直接人工预算、制造费用预算的汇总，其主要内容是产品的单位成本和总成本。单位产品成本的有关数据来自直接材料预算、直接人工预算、制造费用预算。生产量、期末存货量来自生产预算，销售数量来自销售预算。生产成本、存货成本和销货成本等数据，根据单位成本和有关数据计算得出。

7．销售及管理费用预算

销售费用预算是指为了实现销售预算所需支付的费用预算。它以销售预算为基础，分析销售收入、销售利润和销售费用的关系，力求实现销售费用的最有效使用。在安排销售费用时，要利用本量利分析方法，费用的支出应能获取更多的收益，在草拟销售费用预算时，要对过去的销售费用进行分析，考察过去销售费用支出的必要性和效果。销售费用预算应和销售预算相配合，应有按品种、按地区、按用途的具体预算数额。它一般按项目反映全年预计水平。

（二）专门决策预算的编制

专门决策预算主要是长期投资预算（资本支出预算），通常是指与项目投资决策相关的专门预算，它往往涉及长期建设项目的资金投放与筹集，并经常跨越多个年度。编制专门决策预算的依据是项目财务可行性分析资料及企业筹资决策资料。专门决策预算的要点是准确反映项目资金投资支出与筹资计划，它同时也是编制现金预算和预计资产负债表的依据。

（三）财务预算的编制

1．现金预算

现金预算是以业务预算和专门决策预算为依据编制的，专门反映预算期内预计现金收入与现金支出，以及为满足理想现金余额而进行筹资或归还借款等的预算。现金预算一般包括四个组成部分。

一是预算现金收入，包括预算期的期初现金余额，加上本期预计可能产生的现金收入，其来源主要是销售收入和应收账款的回收，可以从销售预算中获得有关的资料。二是现金支出，包括预算期间内预计可能发生的一切现金支出，如支付材料款、支付人工工资、销售及管理费用等。这些资料可以从直接材料预算、直接人工预算、销售及管理费用等预算中获得。此外，还有购置设备、缴纳所得税及支付股利等各项支出，可以从专门决策预算中获得有关资料。三是现金余缺与现金融通，即将可运用现金总额减去现金支出总额。如有剩余，可用来进行短期投放或归还贷款；如出现短缺，则需要向银行借款或通过其他途径筹措资金。可从专门决策预算中获得有关资料。四是期末现金余额，即将预算期间的可运用现金总额减去支出总额，再减去资金投入或归还总额，或加上筹措资金总额，即可求得期末现金余额。

2．利润表预算的编制

预计利润表用来综合反映企业在计划期的预计经营成果，是企业最主要的财务预算表之一。通过编制利润表预算，可以了解企业预期的盈利水平。如果预算利润与最初编制方针中的目标利润有较大的不一致，就需要调整部门预算，设法达到目标，或者经企业领导同意后修改目标利润。编制预计利润表的依据是各业务预算、专门决策预算和现金预算。

3．资产负债表预算的编制

预计资产负债表用来反映企业在计划期末预计的财务状况。编制预计资产负债表的目的在于判断预算反映的财务状况的稳定性和流动性。如果通过预计资产负债表的分析，发现某些财务比率不佳，必要时可修改有关预算，以改善财务状况。预计资产负债表的编制需以计划期开始日的资产负债表为基础，结合计划期间各项业务预算、专门决策预算、现金预算和预计利润表进行编制。资产负债表预算的编制是编制全面预算的终点。

第三节　筹资管理

企业筹资是投资和创业的先决条件，也是财务活动的起点。企业的生存与发展皆以筹集足够的资金，并灵活运用这些资金为前提。因此，筹资管理是企业财务管理的一项基本内容。

一、企业筹资的含义与分类

（一）筹资的含义

筹资是指企业根据其生产经营、对外投资及调整资本结构等需要，通过一定的渠道和资金市场，采取适当的筹资方式，经济有效地为企业筹集所需资金的一种行为。

（二）企业筹资的分类

企业筹集的资金可按多种标准进行分类，具有两种最主要的分类方式。

1．按照资金使用期限的长短分类，可分为短期资金与长期资金两种

短期资金一般是指供一年以内使用的资金，常常采取利用商业信用和银行流动借款等方式来筹集。长期资金一般是指供一年以上使用的资金，通常采用吸收直接投资、发行股票、发行公司债券、取得长期借款、融资租赁和内部积累等方式来筹集。

2．按资金来源渠道的不同，可分为权益筹资和负债筹资两种

企业通过发行股票、吸收直接投资、内部积累等方式筹集的资金都属于企业的所有者权益。企业的所有者权益一般不用还本，因而也可称为企业的自有资金、主权资金或权益资金。企业采用吸收自有资金的方式筹集资金，承担的财务风险较小，但付出的资金成本较高。

企业通过发行债券、向银行借款、融资租赁等方式筹集的资金属于企业的负债。企业的负债到期要归还本金和利息，因而又可称为企业的借入资

金或负债资金。企业采用借入资金的方式筹集资金一般需要承担较大的风险，但相对而言付出的资金成本较低。

二、筹资的动机

筹资是企业根据生产经营等活动对资金的需要，通过一定的渠道，采取适当的方式获取所需资金的一种行为。由于在不同时期和不同阶段企业具体的财务目标不同，企业为实现其目标而进行的筹资动机也不尽相同，大致可归纳为以下四种。

（一）设立企业

企业要实现其设立的目标和承担相应的民事责任，必须在创建前筹集有关法规规定的资本金，并取得会计师事务所的验资证明，然后到工商部门办理注册登记，同时在税务机关办理税务登记，之后企业可开展日常的经营活动。

（二）满足生产经营的需要

企业只有通过生产经营才能实现盈利。因此，为满足生产经营的投资需要所进行的筹资活动是企业最为经常性的财务活动，也是企业筹资的基本动机。企业生产经营活动从总体上看，可具体分为两种类型：一是维持简单再生产；二是扩大再生产。与此相对应的筹资活动也分为两类，即满足正常生产经营需要而进行的筹资和为满足企业发展扩张的筹资。

（三）满足资本结构调整的需要

资本结构调整是企业为了减少资本成本、降低筹资风险而对权益资本和负债资本之间的比例关系进行的调整。资本结构调整属于企业重大的财务决策事项，同时也是企业筹资管理的重要内容。

（四）应对偶发事件

企业经营中常有偶发事件出现，导致某些计划筹资终止、被迫进行反收购等，在这些情况下企业需要迅速筹资以化解偶发事件带来的不利影响。

三、企业筹资的原则

企业筹资是一项重要而复杂的工作，为了有效地筹集企业所需资金，企业必须遵循以下基本原则。

（一）筹措合法原则

企业的筹资活动不仅为自身的生产经营提供资金来源，而且也会影响投资者的经济利益，影响社会经济秩序。企业的筹资活动必须遵循国家的相关法律法规，依法履行投资合同约定的责任，合法合规筹资，依法披露信息，维护各方的合法权益。

（二）规模适当原则

不同时期企业的资金需求量并不是一个常数，企业财务人员要认真分析企业的科研、生产及经营状况，采用一定的方法预测资金的需要数量，合理确定投资规模。

（三）筹措及时原则

企业财务人员在筹集资金时，必须熟知资金时间价值的原理和计算方法，以便根据资金需求的具体情况，合理安排资金的筹集时间，适时获取所需资金。

（四）来源经济原则

在确定筹资数量、筹资时间、资金来源的基础上，企业在筹资时还必须认真研究各种筹资方式。企业筹集资金必然要付出一定的代价，不同的筹资方式及所需资金成本也不同。为此，企业需要对各种筹资方式进行分析、对比，选择经济可行的筹资方式，以确定合理的资金结构，从而降低成本，减少风险，五是结构合理原则。企业筹资要综合考虑股权资金与债务资金的关系、长期资金与短期资金的关系、内部筹资与外部筹资的关系，合理安排资本结构，保持适当的偿债能力，防范企业财务风险，提高筹资效益。

四、资金需要量预测

企业在筹资之前应当采用一定的方法预测资金的需要数量。只有这样，才能使筹集来的资金既能满足生产经营的需要，又不会产生太多的闲置。

测定资金需要量的方法包括定性预测法和定量预测法两类。

（一）定性预测法

定性预测法是指依靠个人的经验、主观分析及判断能力，预测未来资金需要量的方法。这种方法通常在企业缺乏完备、准确历史资料的情况下采用。

（二）定量预测法

定量预测法是根据比较完备的财务数据资料，采用数学模型对未来资金需要量作出预测的方法，主要有比率预测法、资金习性预测法等。

1．比率预测法

最常见的比率预测法是销售百分比法。销售百分比法是根据资产负债表中各项目与销售收入总额之间的依存关系，按照计划期销售收入的增长情况来预测资金需要量的一种方法。运用这一方法的前提，是假设资产负债表中各相关项目与销售收入的比率已知且固定不变。

2．资金习性预测法

资金习性是指资金的变动同生产销量变动之间的依存关系。按照资金同生产销量间依存关系的不同，资金可分为固定资金、变动资金和半变动资金。固定资金是指在一定的产销量范围内保持不变的那部分资金，如为维持营业而占用的最低数额的现金；固定资产和原材料的保险储备变动资金是指随产销量变动而同比例变动的那部分资金。半变动资金是指受产销量变动的影响而变动，但不是同比例变动的资金。资金习性预测法就是根据历史上企业资金占用总额与产销量之间的关系，把资金划分为固定资金和变动资金两部分，然后结合预计的销售量来预测资金需要量的一种方法。

五、企业筹资的渠道与方式

企业筹资活动需要通过一定的渠道，并采用一定的方式来完成。

（一）筹资渠道

筹资渠道是指客观存在的筹措资金的来源方向与通道。目前我国企业的筹资渠道主要包括以下七种。

1．国家财政资金

国家对企业的直接投资是国有企业最主要的资金来源渠道，特别是国有独资企业，基本全部由国家投资形成。

2．银行信贷资金

银行对企业的各种贷款是我国目前各类企业最重要的资金来源。我国银行一般分为商业性银行和政策性银行两种。商业银行是以营利为目的，从事信贷资金投放的金融机构；政策性银行主要是为特定企业提供政策性贷款。

3．非银行金融机构资金

非银行金融机构主要包括信托投资公司、保险公司、租赁公司、证券公司、企业集团所属的财务公司等，它们提供的各种服务中也包括信贷资金投放。

4．其他企业资金

企业在生产经营过程中往往形成部分暂时闲置的资金，并为一定的目的而进行相互投资。

5．居民个人资金

企业职工和居民个人的结余货币，作为游离于企业及非银行金融机构之外的个人资金，可用于对企业进行投资形成民间资金来源渠道，从而为企业所用。

6．企业自留资金

企业自留资金也称企业内部资金，主要包括计提的各项公积金、折旧和未分配的留存收益。这些资金不用企业特意去筹集，可直接由企业内部转移而来，从而为企业省下一笔可观的筹资费用。

7．外商资金

外商资金是指外国投资者投入的资金，是我国外商投资企业非常重要的资金来源。

（二）筹资方式

企业筹资方式是指企业筹措资金时所采用的具体形式。企业筹资管理的重要内容是如何针对客观存在的筹资渠道，选择合理的筹资方式进行筹资。正确认识筹资方式的种类及特点，有利于企业选择适宜的筹资方式，并有效进行筹资组合，降低筹资成本，提高筹资效益。目前我国企业筹资方式主要有吸收直接投资、发行股票、利用留存收益、向银行借款、发行公司债券。

（三）筹资渠道与方式的关系

筹资渠道反映企业资金的来源与方向，即资金从何而来；筹资方式反映企业筹资的具体手段，即如何取得资金。但在实际的筹资工作过程中，筹资渠道与方式之间又有着密切的关系。某种筹资方式可能适用于某种筹资渠道，某种筹资方式可能适用于多种不同的渠道，一种渠道的资金可以采取多种不同的方式取得。企业筹资时应根据不同的筹资渠道选择合适的筹资方式。

第四节　投资管理

一、企业投资的意义

企业需要通过投资配置资产，只有择优才能形成生产能力，取得未来的经济利益。

（一）投资是企业生存与发展的基本前提

企业的生产经营就是企业资产的运用和资产形态的转换过程。投资是一种资本性支出的行为，通过投资支出，企业购建流动资产和长期资产，形成生产条件和生产能力。

（二）投资是获取利润的基本前提

企业投资的目的是通过预先垫付一定数量的货币或实物形态的资本，购建和配置形成企业的各类资产，从事某类经营活动，获取未来的经济利益。只有通过投资形成了生产经营能力，企业才能开展具体的经营活动，获取经营利润。

（三）投资是企业风险控制的重要手段

企业的经营面临着各种风险，有来自市场竞争的风险，有资金周转的风险，还有原材料涨价等成本的风险。投资是企业风险控制的重要手段。通过投资，可以将资金投向企业生产经营的薄弱环节，使企业的生产经营能力配套、平衡协调。

二、企业投资管理的特点

企业的投资活动与经营活动是不相同的，投资活动的结果对企业在经济利益上有较长期的影响。企业投资涉及的资金多、经历的时间长，对企业未来的财务状况和经营活动都有较大的影响。与日常经营活动相比，企业投资的主要特点表现在以下三个方面。

（一）企业投资管理属于企业的战略性决策

企业的投资活动一般涉及企业未来的经营发展方向、生产能力规模等问题，如厂房设备的新建与更新、新产品的研制、对其他企业的股权控制等。企业投资主要涉及劳动资料要素方面，包括生产经营所需的固定资产的购建、无形资产的获取等；也可能是生产要素综合体，即对另一个企业股权的取得和控制。这些投资活动直接影响本企业未来的经营发展规模和方向。

（二）企业投资管理属于企业的非程序化管理

企业有些经济活动是日常重复性进行的，如原材料的购买、人工的雇用、产品的生产制造、产成品的销售等，称为日常的例行性活动。这类活动经常性地重复发生，有一定的规律，可以按相对固定的程序和步骤进行。企业的投资项目涉及的资金数额较大。这些项目的管理不仅是一个投资问题，也是一个资金筹集问题。特别是对于设备和生产能力的购建、对其他关联企业的并购需要大量的资金。对于一个产品制造或商品流通的实体企业来说，这种筹资和投资不会经常发生，企业的投资项目影响的时间较长。这些项目实施后，将形成企业的生产条件和生产能力，这些生产条件和生产能力的使用期限长，将在企业多个经营周期内直接发挥作用，也将间接影响日常经营活动中流动资产的配置与分布。每一次投资的背景、特点、要求等都不一样，无明显的规律性可遵循，管理时更需要周密思考，慎重考虑。

（三）投资价值的波动性大

投资项目的价值是由投资的标的物资产的内在获利能力决定的。这些标的物资产的形态是不断转换的，未来收益的获得具有较强的不确定性，其价值也具有较大的波动性。同时，各种外部因素，如市场利率、物价等的变化也时刻影响着投资标的物的资产价值。因此，企业投资管理决策时，要充分考虑投资项目的时间价值和风险价值。

三、企业投资的分类

将企业投资的类型进行科学的分类，有利于分清投资的性质，按不同的特点和要求进行投资决策，加强投资管理。

（一）直接投资和间接投资

按投资活动与企业本身的生产经营活动的关系，企业投资可以划分为直接投资和间接投资。直接投资是将资金直接投放于形成生产经营能力的实体性资产，如购买并配置劳动力、劳动资料和劳动对象等具体生产要素，开展生产经营活动，直接谋取经营利润。间接投资是将资金投放于股票、债券等权益性资产上的企业投资。之所以称为间接投资，是因为股票、债券的发行方在筹集到资金后，再把这些资金投放于形成生产经营能力的实体性资产，获取经营利润。而且间接投资方不直接介入具体生产经营过程，通过在股票、债券上所约定的收益分配权利，获取股利或利息收入，分享直接投资经营利润。

（二）项目投资与证券投资

按投资对象的存在形态和性质，企业投资可以划分为项目投资和证券投资。企业可以通过投资，购买具有实质内涵的经营资产，包括有形资产和无形资产，形成具体的生产经营能力，开展实质性的生产经营活动，谋取经营利润。这类投资称为项目投资。项目投资的目的在于改善生产条件、扩大生产能力，以获取更多的经营利润。项目投资属于直接投资。企业还可以通过投资，购买具有权益性的证券资产，通过证券资产所赋予的权利，间接控制被投资企业的生产经营活动，获取投资收益。这类投资称为证券投资。证券投资属于间接投资。

（三）发展性投资与维持性投资

按投资活动对企业未来生产经营前景的影响，企业投资可以划分为发展性投资和维持性投资。发展性投资是指对企业未来的生产经营发展全局有重大影响的企业投资。发展性投资也可以称为战略性投资，如企业间兼并合并的投资、转换新行业和开发新产品投资、大幅度扩大生产规模的投资等。发展性投资项目实施后，往往可以改变企业的经营方向和经营领域，或者明显地扩大企业的生产经营能力，或者实现企业的战略重组。维持性投资是为了维持企业现有的生产经营正常顺利进行，不会改变企业未来生产经营发展全局的企业投资。维持性投资也可以称为战术性投资，如更新替换旧设备的投资、配套流动资金投资、生产技术革新的投资等。维持性投资项目所需要的资金不多，对企业生产经营的前景影响不大，投资风险相对也较小。

（四）对内投资与对外投资

按投资活动资金投出的方向，企业投资可以划分为对内投资和对外投资。对内投资是指在本企业范围内的资金投放，用于购买和配置各种生产经营所需的经营性资产。对外投资是指向本企业范围以外其他单位的资金投放。对外投资多以现金、有形资产、无形资产等资产形式，通过联合投资、合作经营、换取股权、购买证券资产等投资方式，向企业外部其他单位投放资金。对内投资都是直接投资，对外投资主要是间接投资，也可能是直接投资。

（五）独立投资与互斥投资

按投资项目之间的相互关联关系，企业投资可以划分为独立投资和互斥投资。独立投资是相容性投资，各个投资项目之间互不关联、互不影响，可以同时并存。例如，建造一个饮料厂和建造一个纺织厂，它们之间并不冲突，可以同时进行。对于一个独立投资项目而言，其他投资项目是否被采纳或放弃，对本项目的决策并无显著影响。例如，可以规定凡提交决策的投资方案，其预期投资报酬率都要求达到20%才能被采纳。这里的预期投资报酬率达到20%，就是一种预期的决策标准。互斥投资是非相容性投资，各个投资项目之间相互关联、相互替代，不能同时并存。如对企业现有设备进行更新，购买新设备就必须处置旧设备，它们之间是互斥的。对于一个互斥投资项目而言，其他投资项目是否被采纳或放弃，直接影响本项目的决策，其他项目被采纳，本项目就不能被采纳。因此，互斥投资项目决策考虑的是各方案之间的排斥性，也许每个方案都是可行方案，但互斥决策需要从中选择最优方案。

第五节　营运资金管理

一、营运资金的概念和特点

（一）营运资金的概念

营运资金是指在企业生产经营活动中占用在流动资产上的资金。营运资金有广义和狭义之分，广义的营运资金是指一个企业流动资产的总额，狭义的营运资金是指流动资产减去流动负债后的余额。这里指的是狭义的营运资金概念。营运资金的管理既包括流动资产的管理，也包括流动负债的管理。

1．流动资产

流动资产是指可以在1年以内或超过1年的一个营业周期内变现或运用的资产。流动资产具有占用时间短、周转快、易变现等特点。企业拥有较多的流动资产，可在一定程度上降低财务风险。流动资产按不同的标准可进行不同的分类，常见分类方式：一是按占用形态不同，分为现金、交易性金融资产、应收及预付款项和存货等；二是按在生产经营过程中所处环节不同，分为生产领域中的流动资产、流通领域中的流动资产及其他领域中的流动资产。

2．流动负债

流动负债是指需要在1年或者超过1年的一个营业周期内偿还的债务。流动负债又称短期负债，具有成本低、偿还期短的特点，必须加强管理。流动负债按不同标准可作不同分类，最常见的分类方式包括三种。

一是以应付金额是否确定为标准，可以分成应付金额确定的流动负债和应付金额不确定的流动负债。应付金额确定的流动负债是指那些根据合同或法律规定到期必须偿付并有确定金额的流动负债，如短期借款、应付票据、应付短期融资券等；应付金额不确定的流动负债是指那些要根据企业生产经营状况，到一定时期或具备一定条件时才能确定的流动负债，或应付金额需要估计的流动负债，如应缴税费、应付产品质量担保债务等。

二是以流动负债的形成情况为标准，可以分为自然性流动负债和人为性流动负债。自然性流动负债是指不需要正式安排，由于结算程序或有关法律法规的规定等原因而自然形成的流动负债；人为性流动负债是指财务人员根据企业对短期资金的需求情况，通过人为安排所形成的流动负债，如短期银行借款等。

三是以是否支付利息为标准，可以分为有息流动负债和无息流动负债。

（二）营运资金的特点

为了有效地管理企业的营运资金，必须研究营运资金的特点，以便有针对性地进行管理。营运资金一般具有如下特点。

1．营运资金的来源具有多样性

企业筹集长期资金的方式一般较少，只有吸收直接投资、发行股票、发行债券等方式。与筹集长期资金的方式相比，企业筹集营运资金的方式较为灵活多样，通常有银行短期借款、短期融资券、商业信用、应缴税费、应付股利、应付职工薪酬等多种内外部融资方式。

2．营运资金的数量具有波动性

流动资产的数量会随企业内外条件的变化而变化，时高时低，波动很大。季节性企业如此，非季节性企业也如此。随着流动资产数量的变动，流动负债的数量也会相应发生变动。

3．营运资金的周转具有短期性

企业占用在流动资产上的资金，通常会在 1 年或超过 1 年的一个营业周期内收回，对企业影响的时间比较短。根据这一特点，营运资金可以用商业信用、银行短期借款等短期筹资方式来加以解决。

4．营运资金的实物形态具有变动性和易变现性

企业营运资金的作用形态是经常变化的，营运资金的每次循环都要经过采购、生产、销售等过程，一般按照现金、材料、在产品、产成品、应收账款、现金的顺序转化。为此，在进行流动资产管理时，必须在各项流动资产上合理配置资金数额，做到结构合理，以促进资金周转顺利进行。同时，交易性金融资产、应收账款、存货等流动资产一般具有较强的变现能力，如果遇到意外情况，企业出现资金周转不灵、现金短缺时，便可迅速变卖这些资产，以获取现金，这对财务上应付临时性资金需求具有重要意义。

二、营运资金管理策略

企业需要评估营运资金管理中的风险与收益，制定流动资产的投资策略和融资策略。实际上，财务管理人员在营运资金管理方面必须做两项决策：一是需要拥有多少流动资产；二是如何为需要的流动资产融资。在实践中，这两项决策一般同时进行且相互影响。

（一）流动资产的投资策略

由于销售水平、成本、生产时间、存货补给时从订货到交货的时间、顾客服务水平、收款和支付期限等方面存在不确定性，流动资产的投资决策至关重要。企业经营的不确定性和风险忍受程度决定了流动资产的存量水平，表现为在流动资产账户上的投资水平（金额）。流动资产账户通常随着销售额的变化而立即变化。销售的稳定性和可预测性反映了流动资产投

资的风险程度。销售额越不稳定，越不可预测，则投资于流动资产上的资金就应越多，以保证有足够的存货和应收账款占用来满足生产经营和顾客的需要。

稳定性和可预测性的相互作用非常重要。即使销售额是不稳定的，也可以预测，如属于季节性变化，那么将没有显著的风险。然而，如果销售额不稳定而且难以预测，如石油和天然气的开采，以及许多建筑企业，就会存在显著的风险，从而必须维持一个较高的流动资产存量水平，保持较高的流动资产与销售收入比率。如果销售既稳定又可预测，则只需维持较低的流动资产投资水平。

（二）流动资产的融资策略

一个企业对流动资产的需求数量一般会随着产品销售的变化而变化。例如：对于产品销售季节性很强的企业，当销售处于旺季时，流动资产的需求一般会更旺盛，可能是平时的几倍；当销售处于淡季时，流动资产需求一般会减弱，可能是平时的几分之一；即使当销售处于最低水平时，也存在对流动资产最基本的需求。在企业经营状况不发生大的变化的情况下，流动资产最基本的需求具有一定的刚性和相对稳定性，因此可以将其界定为流动资产的永久性水平。当销售发生季节性变化时，流动资产将会在永久性水平的基础上增加。因此，流动资产可以被分解为两部分：永久性部分和波动性部分。永久性流动资产是指满足企业长期最低需求的流动资产，其占有量通常相对稳定；波动性流动资产或称临时性流动资产，是指那些由于季节性或临时性的原因而形成的流动资产，其占用量随当时的需求而波动。

与流动资产的分类相对应，流动负债也可以分为临时性负债和自发性负债。一般来说，临时性负债又称为筹资性流动负债，是指为了满足临时性流动资金需要所发生的负债，如商业零售企业春节前为满足节日销售需要，超量购入货物而举借的短期银行借款。临时性负债一般只能供企业短期使用。自发性负债又称为经营性流动负债，是指直接产生于企业持续经营中的负债，如商业信用筹资和日常运营中产生的其他应付款，以及应付职工薪酬、应付利息、应缴税费等，自发性负债可供企业长期使用。

第七章　人力资源管理

第一节　人力资源管理概述

一、企业人力资源的概念和特征

（一）人力资源的概念

《辞海》把资源解释为“资财的来源”。在经济学上，资源是指为创造物质财富而投入生产活动中的一切要素。世界上的资源主要可分为三类：一是自然资源，是指用于生产活动中的一切未经人们加工的自然物，如未经开发的土地、山川、森林和矿藏等，这些资源有待于人们开发利用；二是资本资源，是指用于生产活动中的一切经过人们加工的自然物，如资金、机器、厂房、设备等，人们并不直接消费资源本身，而是利用它去生产和创造新的产品与新的价值；三是人力资源，这是生产活动中最活跃的要素，也是一切资源中最重要的资源，由于该资源特殊的重要性，它被人们称为第一资源，或者称为构成企业核心竞争力的战略性资源。

那么到底什么是人力资源？有关学者从不同的角度给出了很多不同的定义。但一般认为：广义的人力资源是指一切智力正常的人；狭义的人力资源是指能够推动企业的发展，为社会提供劳动和服务的具有智力和体力劳动能力的人的总和。

人力资源由数量和质量两方面构成。人力资源的数量是指一个国家或地区中具有劳动能力或从事社会劳动的人口总数。一个国家或地区的人力资源数量由八大部分构成：一是处于劳动年龄之内，正在从事社会劳动的人口，称为“适龄就业人口”；二是尚未达到劳动年龄，已经从事社会劳动的人口，称为“未成年就业人口”；三是已经超过劳动年龄，继续从事社会劳动的人口，称为“老年就业人口”（以上三部分构成就业人口的总体）；

四是处于劳动年龄之内，具有劳动能力并要求参加社会劳动的人口，这部分可称为“求业人口”或“待业人口”；五是处于劳动年龄之内，正在从事学习的人口；六是处于劳动年龄之内，正在从事家务劳动的人口；七是处于劳动年龄之内，正在军队服役的人口；八是处于劳动年龄之内的其他人口。上述前四部分人口是现实的社会劳动力供给，是直接的、已经开发利用的人力资源，因此可称为现实的人力资源；后四部分并未构成现实的社会劳动力供给，它们是间接的、尚未开发的、处于潜在形态的人力资源，可称为潜在的人力资源。

人力资源的质量是指人力资源所具有的体质、智力、知识和技能水平，以及劳动者的劳动态度。一般可以用健康卫生指标（如平均寿命、婴儿的死亡率、每万人口拥有的医务人员数量、人均日摄入热量等）、教育状况（如劳动者的人均受教育年限、每万人中大学生的拥有量、大中小学入学比例等）、劳动者的技术等级状况（如劳动者技术职称等级的现实比例、每万人中高级职称人员所占的比例等）和劳动态度指标（如对工作的满意程度、工作的努力程度、工作的负责程度、与他人的合作性等）来衡量。

一个国家或地区人力资源的充裕程度不仅取决于数量，更取决于质量。与数量相比，人力资源的质量更为重要。因为随着社会生产的发展，现代科学技术对人力资源的质量提出了更高的要求。人力资源质量的重要性还体现在其内部的替代性方面，一般来说，人力资源质量对数量的替代性较强，而数量对质量的替代作用较差，有时甚至不能替代。

企业中的人力资源是由数量与质量两个方面构成的。企业中人力资源的数量一般由正在被企业聘用的员工和企业欲从劳动力市场招聘的员工构成。前者主要包括聘用的未成年员工、适龄员工和老年员工，但不包括即将离开企业的员工（将被解聘的员工、辞职的员工，以及退休、病退、死亡的员工）；而后者则可能来源于劳动力市场中的任何一部分。企业中人力资源的质量在构成上与一个国家或地区的人力资源的质量构成是一致的。

（二）企业人力资源的特征

企业人力资源是进行生产活动最基本、最重要的资源，是一种不同于任何其他资源的特殊资源。其特征主要有以下六个方面。

1．具有不可剥夺性

人的智力和体力与具体的人紧密联系在一起，是不可分割的。要想获得一个人的智力和体力，必须先“获得”这个人，然后通过各种激励措施使他的聪明才智被充分发挥出来。同样，如果企业留不住人或不能有效地激励他，那么这个人有再高的才智也不可能为企业所用。因此，企业人力资源属于被聘用人自身所有，具有不可剥夺性，这是企业人力资源区别于任何其他资源的根本特征。

2．具有生物性

企业人力资源存在于人体之中，是一种活的资源，它与人的生理特征、基因遗传等紧密相连。每一个人都有不同的个性、气质，外形有少、青、壮、老年，体魄有弱、强、病等。因此，对人的管理和对物的管理有很大的区别。企业对人的管理要充分考虑其心理、生理的动态可变性和多样复杂性。

3．具有时代性

时代条件制约着企业人力资源的数量和质量，以及人力资源素质的提高。人的思想、理念、文化、观点、意识等也会随社会的发展而变化。因此，企业人力资源的形成具有时代性。

4．具有能动性

企业人力资源具有思想、情感和思维，能够有目的、有意识地主动利用其他资源，通过劳动来创造社会财富，因而它在社会发展中起到了积极和主动的作用，其他资源则处于被动使用的地位。此外，企业人力资源还具有创造作用，不但能提出一些全新的方法，加速技术进步和经济发展，还能适应环境的变化，积极地应变、进取和创新发展。

5．具有时效性

企业人力资源存在于人的生命之中，它的形成、开发和利用都要受其生命周期的限制。每个人均要经过儿童、少年期、成年期、老年期，由于人在每个时期的体力和智力不同，其各个时期的劳动能力各不相同，因而人力资源在各个时期的可利用程度也不相同。从个人成长的角度来看，人力资源的培养也有幼稚期、成长期、成熟期和退化期的过程。因此，企业人力资源不能长期储而不用，否则就会荒废、退化。同时，企业人力资源具有劳动能力发挥的最佳时期，必须适时开发并及时利用。

6．具有可再生性

企业人力资源是“活”的资源。一方面，通过人口的繁衍，人力资源能够不断地再生产出来，世世代代延续下去；另一方面，人的体能在一个生产过程中消耗完之后，又可以通过休息和补充能量得到恢复。更重要的是，企业人力资源在使用过程中，有一个可持续开发、丰富、再生的独特过程，使用过程也是开发过程。例如，人在工作以后，可以通过不断更新知识、提高技能、积累经验，实现自我补偿、自我更新、自我丰富、持续开发。因此，人的体能与知识技能都是可以再生的。

（三）人力资源是企业的战略性和关键性资源

1．企业间竞争的实质是人力资源优劣的竞争

随着生产力和科学技术的迅速发展，企业之间的竞争更加复杂、更加激烈。企业在这种复杂、激烈的竞争中生存、发展，人力资源优劣的作用越来越凸显，进而成为企业能否获胜的关键。发达国家的主要资本不是有形的工厂、设备，而是它们所积累的经验、知识和训练有素的人力资源。美国钢铁大王卡内基曾自豪地说：“将我所有的工厂、设备、资金、市场全部夺走，但只要公司的人还在，企业还在，那么，四年之后，我将仍然是钢铁大王。”美国企业“经营之神”艾柯卡也曾说：“只要给我原来的15个人，我可以另外搞一个福特，另外搞一个克莱斯勒。”随着知识经济时代的到来，企业人力资源的优劣在竞争中的作用更加凸显。微软公司的比尔·盖茨和他的软件工程师是公司最有价值的财富，是企业最重要的战略资源，微软在激烈的竞争中大获成功正是“才智至上”理念的最好注解。由此可见，人力资源的优劣在企业生存发展中起着重要的作用。

2．人力资源在企业发展中起决定性作用

生产力包括两个基本要素：一是“人”的要素；二是“物”的要素。

任何一个企业要从事物质资料生产和有关的经济活动，都必须将这两个因素结合起来。但这两个要素的地位和作用并非并列的、等同的，首要的、起决定作用的不是物，而是人。这是因为物是死的、被动的，人是活的、能动的。一切物的因素只有通过人的因素才能加以开发利用，因为是人操纵机器，人设计产品，人提供服务，人制定战略和决定企业的目标。任何一个企业或组织，没有有效的人力资源，要实现其战略及战略目标是根本不可能的。

二、企业人力资源管理的概念和职能

（一）企业人力资源管理的概念

企业和任何组织都是由人组成、由人运作的，各项工作都是由企业中的各个部门及其员工个人完成的。但是，如果企业只是设立部门机构，交付给员工不同的工作，其实并不能保证员工能发挥主动性、积极性和创造性，出色地去完成所交付的工作。工作流程的顺利运行、生产与服务的高质量、整体竞争优势的发挥都需要对人的管理。现代管理是以人为中心的管理，把人当作一种使企业能在激烈的竞争中生存、发展，并始终充满生机和活力的特殊资源来精心地开发利用、科学地管理，已成为现代管理思想的重要内容。

人力资源管理是指企业针对人力资源的取得、开发、保持和利用等方面进行的计划、组织、指挥和控制活动。企业人力资源管理所关注的焦点，是如何依据企业的发展战略及其目标，进行人与人关系的调整、人与事的配合。要充分开发和利用人力资源，激发员工的积极性和创造性，在提高企业生产率和竞争力的同时，提高员工的生活质量和满意度。

（二）企业人力资源管理的职能

1. 组织结构调整和优化

组织结构调整和优化是指企业依据发展战略及其战略目标，分析现有组织结构是否与发展战略相配套，是否与外部环境相适应。组织结构调整和优化的主要内容：企业内部上下层级的职权划分和相互关系；内部横向各机构的设置及其职能的划分；各机构职位的编制；各职位的任职者是否符合任职资格要求；员工参与和对员工的授权；员工相互之间的协调程度；等等。企业如果发现现有的组织结构不适应发展战略顺利实施的要求，必须及时地调整和优化组织结构。

2. 人力资源规划

人力资源规划是指企业依据发展战略和组织结构调整的要求，分析企业环境变化对人力资源的供给和需求的影响及其状况，采用科学的预测方法，对企业未来人力资源的需求和供给进行分析和推断，明确各类人员的需求量、内部和外部可能的供给量，制定必要的政策和措施，以确保企业在恰当的时间、不同的职位都能获得恰当的人力资源（包括数量、质量和结构），使企业和员工都能获得长期利益。人力资源规划能够为企业的工作分析、员工招聘、员工培训和薪酬管理等事务提供所需要的信息。

3. 工作分析

工作分析是指企业依据组织结构调整和人力资源规划的要求，确定各项工作的工作职责和任职资格要求。企业要采用科学合理的方法，广泛深入地收集有关工作分析的信息，在整理分析有关信息的基础上，编制出工作描述和工作规范这两份重要的书面文件。工作分析是一项重要的基础工作，分析后所得信息几乎为所有的企业人力资源管理工作所采用。

4. 员工招聘

员工招聘是指企业依据人力资源规划和工作说明书的要求，迅速、合法、有效地找到企业所需要的应聘者。企业需要选择最合适的招聘方式和招聘渠道，最大限度地吸引应聘者，并按照一定的程序，采用科学的方法和手段评估和筛选符合企业要求的应聘者。

5. 员工培训

员工培训是指企业依据工作说明书的要求和员工的实际状况，对员工进行培训与开发。企业需要通过确定培训需求、明确培训目标、编制培训计划、实施培训计划、评估培训效果、选择员工培训的方法等步骤，提高员工的知识技能，改善员工行为，增进员工绩效，最终使企业发展目标和员工个人发展目标得到共同实现。

6. 绩效评估

绩效评估是指企业依据工作说明书的要求，检查和评估员工对职位所规定的职责的履行程度。企业要在评估原则的指导下，按照预先确定的标准和程序，采用科学的方法，确定员工的工作能力和工作绩效，并把评估的结果反馈给员工，帮助员工明确差距、找到原因、落实行动计划。绩效评估中的有关信息可以运用到企业各项人力资源管理工作中去。

7. 薪酬管理

员工为企业作出了贡献，企业应给予员工酬劳和回报，即薪酬。薪酬由工资、奖金、津贴、红利、股票期权和福利等组成。薪酬管理的范围很广，包括确定企业的支付薪酬的原则与策略；采用科学的方法进行工作评价，准确地确定每一职位对企业的相对价值；设计工资结构，确定工资等级和工资范围；设计奖金、福利等其他薪酬形式的制度；对员工薪酬进行调整和控制等。

三、企业人力资源管理的主要内容

人力资源管理包含的内容很多，但概括起来主要有四项：选人、育人、用人、留人。

（一）选人

好的开始是成功的一半，企业成功的最先决条件就是要找对人。企业一旦找对了人，无疑就为企业和部门今后的健康发展提供了智力保障。

1. 选人要与企业的战略目标相匹配

人力资源是战略规划实施及战略目标实现的保障，各个企业在不同的阶段都会制定不同的与实际相适应的总体战略规划。企业在选择人才时，必须考虑到资源配置要与战略目标的实现相适应。企业没有战略目标，就谈不上人力资源规划，更谈不上人力资源规划的实施，企业在选人时就会盲从。

2. 选人要与行业环境和企业地位相适宜

行业环境和企业地位的不同，也会影响选择人才的具体操作。第一，企业选人要分析其所在行业的环境及行业在整个产业结构中所处的地位；第二，企业选人要分析其在行业中所处的地位。行业和企业的地位不同，所对应的人才层次也不同。企业只有为自己量身制定人才选拔策略，才不会导致人才的滥用或者流失。

3. 选人要与地域的经济水平和人文环境相结合

企业还要考虑到地域的经济水平和人文环境因素，不能好高骛远，要讲求实际，尤其是在选拔高校毕业生时，应尽量帮助被选择者认识本企业的地域环境、行业环境、人文环境和当地的实际经济水平。这样，选择者和被选择者双方才能互相了解，才能有利于企业选择合适的人才。

4. 选人要考虑人才市场的供应现状

人才市场的供应与需求总的来说是不受企业操控的，企业在选人时不能不受供求现状的影响，需要具体情况具体分析，及时调整人才招聘计划。市场人才兴旺时，企业可以适当增加招聘人才数量，加强人才储备；市场人才紧缺时，企业可以适当减少招聘数量和标准，以适应市场变化。

5. 选人要兼顾短期和长期人才需求

企业要根据战略目标制定短期和长期的人才战略，根据人才战略选择和储备相应人才，以满足短期人员需求和长期人才储备。只有合理储备、优化配置才能使企业长期处于正常的运转与发展状态。

6. 选人要考虑人力资源成本

人力资源成本是为取得和开发人力资源而产生的费用支出，包括人力资源取得成本、使用成本、开发成本和离职成本。企业选人要根据岗位所需要素质条件，选择合适的人员，切忌人才高消费。

错误雇用是造成企业人才流失的真正原因。所以选择合适的人才不但可以促进企业目标的实现，还会大大降低人力资源成本。

（二）育人

企业育人实质上就是人力资源的发展与培训，是企业为了提高员工在执行某项特定工作或任务时所必需的知识、技能，培养其解决问题的能力和态度所采取的一系列活动。每一个企业都需要受过良好训练并具有丰富经验的人去运作，以维持企业生存所必要的活动。因此，加强员工的培训与训练便成为企业提高员工工作能力所必须投注的一项活动。企业加强员工的培训与训练要注意以下三点。

1．对员工能力现状进行分析

员工培训要有针对性，要有效地进行员工的能力现状分析，根据不同的员工群体进行分类培训。企业可以通过能力测验、个人态度调查等方法，了解员工的现有水平与培训目标之间的差异，根据差异确定培训内容和培训方式。

2．确定培训内容与方式

（1）培训内容专业化：不同的企业所培训的人员状况是不同的，不同的岗位所需要的知识、技能也是不同的，企业要根据自身和员工的需求，从岗位的专业化角度出发，为员工制定培训内容。

（2）培训方式自主化：企业的员工培训需要根据不同人员的不同状况，选择不同的培训方式，使员工培训真正起到实效。

3．培训效果的评价

培训的效果评价在整个培训中起着至关重要的作用。培训的效果评价实质上就是对有关培训信息进行处理和应用的过程。通过建立培训效果评价，企业可以对员工培训是否达到预期目标和培训计划是否具有成效等进行检查与评价，也可以将其作为下一步培训计划与培训需求的依据。

（三）用人

通过用人机制发挥员工的聪明才智是企业人力资源管理的重要组成部分。用人机制的核心是“因地制宜”，用最合适的人做最合适的事。另外，通过学习培训、经验累积等开发手段所形成的潜在的人力资源也只有通过用人机制才能转化为现实的人力资源，才能为企业的生产经营服务。因此，企业要建立科学的选人、用人机制，为各种人才脱颖而出创造宽松、公平的环境。企业在用人环节应注意以下四点。

1．因事设岗、人岗匹配

在企业选聘人才的过程中，除了要关注人才个体的素质，还应认真分析人才拟任职岗位及团队的结构特点，如团队成员的学历、性别、年龄、观念等。企业招聘应强调人才与其拟任职位的兼容匹配，避免聘用人才因“鹤立鸡群”而产生不必要的“孤独感”，避免因人才流失造成的人力资源浪费和招聘成本升高。

2．工作目标要有挑战性

工作的要求和目标应尽量明确合理，并具有一定的挑战性，这样才能真正激发员工内在的工作热情。如果工作目标要求太低，员工很容易完成，久而久之会造成员工的懈怠，不思进取；如果工作目标要求太高，员工通过自己的努力无法完成，则会使员工失去自信，放弃努力。

3．岗位应动态调整

企业应对员工与工作岗位的组合进行不断的调整，使能力高的员工去从事更高层次的、承担更多责任的工作，保持员工与工作的动态平衡。企业不同的岗位需要的知识和技能不同，同一岗位的不同级别的要求也不同，每个员工所掌握的知识和技能也在不断地发展变化。因此，企业应对职位和工作进行分层细化，变单一的层级制为多级制，使员工随着自身能力的发展，其职位、薪酬也能不断地变化，从而调动员工积极性，不断挖掘其潜力。

4．加强考核评价

企业需要通过合理公正的考核制度，实现“人尽其才”的最终目的。考核前企业需要将考评的标准量化、公开化，只有人人都明白考核的目的和要求，才能竭力去争取。企业应将考核结果与工资、福利、晋升挂钩，这样才能使企业整体素质不断地螺旋上升。

（四）留人

如何使员工发挥其才能并留住其为公司长期效力、创造效益是人力资源管理的关键。高薪为何留不住人才？因为人的需要不只是高薪，作为管理者没有真正了解人才的心。企业留人除常见的涨薪方法外，还要兼顾其他方法。

1．薪酬、福利留人

薪酬、福利作为一种激励措施，无疑从根本上影响着员工的行为。因此，薪酬、福利仍是主要的留人手段之一。如何将公司战略及文化所需要的产出和行为与薪酬体系进行有效链接，是薪酬设计要解决的问题。薪酬、福利包括劳动报酬、文化娱乐、进修学习、医疗保健、劳动保护、年终奖励、家属安置、员工持股等。企业要留住人才，激励方式的选择和应用也是极为重要的，企业要针对不同的人选择不同的激励方式。企业应改革分配激励机制，实行多元化的分配，建立重业绩、重贡献，向关键岗位和优秀人才倾斜的分配机制。

2．文化留人

文化的核心是企业的价值观，也是企业综合素质的重要标志。科学的价值理念必将起到凝聚人心、鼓舞人心、激励员工奋发向上的作用，也可以为企业人力资源的开发提供不竭的动力。因此，企业在建设文化，培育、弘扬企业精神和价值观时，应注重其科学内涵，注重文化的感召力、凝聚力，建设人格文化，体现人的价值、人的尊严，营造不断进取的浓厚氛围，激励员工不断学习，深挖潜能，自我超越，使企业文化建设与人力资源开发相辅相成。

3．情感留人

情感投资具有潜移默化的效果。企业对人才要有爱心、真心，要营造一种积极向上、团结和谐的人际氛围和良好的工作、生产、生活环境，使员工心情舒畅地工作，增强公司的凝聚力和吸引力。

4．事业留人

人力资源管理最终还是人的管理，所以企业要考虑员工自身的发展是否与企业的发展同步。企业用人的同时也是在培养人，要尽量让企业的人才在不断地为企业服务的同时得到自我发展。只有企业将发展目标和员工的职业生涯有机结合起来，人力资源管理才能真正起到作用。企业要打造一个有利于发展、有利于创新、有利于竞争的工作环境，并且为员工提供具有挑战性、竞争性，有利于自身发展提高的事业舞台，使员工能力不断得到提高。企业应关注员工的职业发展计划，指导员工的职业生涯设计并与员工共同努力，促进其职业生涯计划的实现。

企业的人力资源管理是一个系统工程，各个环节相辅相成。企业只有努力营造出选人、育人、用人、留人的好环境，建立一个良好的激励及约束机制，充分调动和发挥人才的潜能，使人才真正成为企业走向未来的核心竞争力，才能最终实现企业的快速、健康、可持续发展。

第二节　人力资源开发

一、企业的人才选拔策略

企业的人才开发包括相互关联的三方面内容，即人才的选拔、培训和使用。人才战略的制定和实施就是采用一定的手段和方法，确定并实现企业由这三方面内容构成的中长期总体目标。在实际发展过程中，人才的开发、培训和使用战略的实施并不是截然分开的，而是有机地结合在一起的。企业发掘人才常采用四大策略，即贤才举才、考试选才、招聘人才、按成绩选才。

（一）贤才举才

贤才举才是指用推荐的方式发掘人才，这种方式在我国有着悠久的历史。在汉朝的时候，政府已经有了一套完整的人才荐举制度，由地方官负责向朝廷荐举“贤良”，一直是国家发掘人才最主要的形式。考察一个被荐举者是否有真才实学，首先要考察推荐者本身是不是人才。如果推荐者本身只是碌碌庸才，很难指望他能准确地鉴定别人的才能。

最有效的人才推荐应该和企业的管理目标结合起来，有组织、有目的、有计划地进行。例如，某企业要研制一项新产品，需要配备一名微机控制人员。厂长就可以在全厂大会上提出对这名人员的能力、学历、年龄等方面的要求，号召每个人都来推荐。这种主动地组织全厂职工推荐人才，显然比那种被动式地坐等别人上门推荐好得多，为了有效地鼓励职工参加推荐，有的企业还专门设立“人才推荐奖”。

推荐的最大弊端就是容易给那些到处钻营、开后门、搞裙带关系的人以可乘之机。

（二）考试选才

通过考试选才，至少有以下几个明显的优点：一是考试比较合理，分数面前人人平等，不像推荐那样必然带有推荐者的主观因素；二是考试本身就是竞争，这有利于鼓励人们发扬积极进取的精神；三是考试有利于杜绝人才发掘工作中的不正之风，有真才实学者不怕考，无知无识者一考必然露馅。走后门、搞裙带关系在这里很难有市场，有利于执行任人唯贤的干部路线。

企业考试选才应该有自己的特点。考试不但要测定应试者的知识水平和技术知识，而且应测定应试者的应变能力等一系列应该掌握的技能。

（三）招聘人才

通过招聘来选拔人才已经在企业界引起广泛的重视。应该强调的是，目前在人才招聘工作中有一个值得注意的倾向，即总是把注意力放在企业的外部，放在社会上，认为“外来的和尚会念经”，而不相信企业内部会有什么能人，这实在是一种十分狭隘的观点。实际上，在一些企业内部，尤其是在大企业内部，往往蕴藏着大批未被发现的“潜在人才”。通过招聘，正是发现他们的好机会，同时可以杜绝和克服企业内部存在的巨大的人才浪费现象。

（四）按成绩选才

按成绩选才是指以绩效为标准择优选拔，是比较公平合理的人才选拔方法，它可以避免其他方法的一些偏差，这主要是因为“人”是比较复杂的。在考试中，有人可能因临场发挥不好而名落孙山；在招聘中，也会有一些华而不实者混进来，大智若愚者被排斥在外。工作绩效则是摆在台面上的，人人都看得见，个人也可用自己的工作绩效和他人比较，比不过者自然心悦诚服。因此，用绩效作为衡量人才的标准，选拔出来的人才普遍都是比较可靠的。

按绩效择优选拔人才最重要的是要制定一套绩效考核标准。这个标准必须能够区别优劣，并且要具有科学性，使它既有说服力，又能行之有效地发掘能人。评判绩效的标准应包括两个方面：一是“职务标准”，企业要对不同人员制定不同的工作标准；二是职位能力标准，企业规定出各类人员完成不同工作应具备的技能水平、能力状况。除此之外，还有选举制、毛遂自荐，以及助理制。

总之，发掘人才的策略是多种多样的，各企业选用人才的要求和特点也不尽相同。因此，每个企业应根据自己的实际情况选取最佳方案。当然，如果几种策略综合运用，可收到事半功倍的效果。

二、企业的人才培训方式

（一）自助培训

如果把培训理解成一种员工用餐以增加营养的过程，则传统企业多采取已安排好的、被动上菜的培训方式，而企业应采取自动的、随用随点的自助培训方式。自助培训的优点是员工不受有计划的正式培训的制约，可以根据自己的需要随时接受不同内容的培训。

自助培训理念在许多公司已经深入人心。例如，某公司创办了培训网站，对每一名员工的职业发展进行规划，员工只要登录此网站，就会看到自己的完整的职业发展计划图。而公司内部则营造出一种良性的不断挑战目标、挑战自我、充分授权的工作环境，员工的努力也可以得到精神上的认可。

自助培训的基本假设是培训需求具有个体性，每一名知识工作者的需求都是不同的。员工根据自身的需求自主地进行学习，能够获得更好的培训效果。因此，自助培训在企业中极具生命力。

（二）互动培训

传统的培训形式是由教师或专家去培训企业的其他员工，以传授自己的知识和经验，形成明显的等级或职位的区分。在企业中，由于知识工作者的工作知识含量都很高，工作的专业性和创新性很强，知识工作者本身都是自己所在领域的专家，工作过程中所需要的大部分隐性知识常常需要通过员工相互之间的教育和培训获得。这种培训方式就是员工的互动培训。另外，知识工作者在组织中的学习属于成人学习，成人学习最有效的途径之一就是同事和合作伙伴之间的相互学习，这种相互学习也是互动培训的一种有效方式。

互动培训是把组织中一个层次员工的知识和经验传授给另一层次员工的有效途径。例如，在一些企业中，组织常常安排资深员工带动新员工的业务工作，这就是一种典型的互动培训。新员工可以向资深员工学习经验和诀窍，老员工则可以向新员工学习最前沿的理论和理念。当然，互动培训更可以增进同层次员工之间的交流和学习。同层次员工之间不同的解决问题的思路和途径、不同的看问题角度等都有助于员工共同进步。

互动培训不仅有助于员工专业知识的增长，而且有助于非专业知识的增长，知识的增长情况取决于员工参与互动培训的程度。但是，无论是专业知识还是非专业知识的增长，对知识员工解决问题的能力和创新能力的提高都是大有裨益的。

互动培训需要具备以下一些基本条件：

第一，营造知识共享的工作氛围。组织中的知识分为隐性知识和显性知识。由于隐性知识是个人技能的基础，人们可能不愿与他人共享。因此，知识员工之间进行互动培训和知识共享，先要营造知识共享的文化氛围，在员工中培育相互平等的精神。企业要尽可能鼓励员工相互之间进行沟通交流，在频繁的员工互动中，使他们各自的隐性知识实现共享。共享知识又能提高企业成员之间的信任感。组织也要采取各种措施来鼓励知识共享，如把知识共享行为作为评估员工工作绩效的标准之一，并对在知识共享方面成绩突出的员工进行奖励。

第二，创造鼓励员工互动培训的机制。一种行之有效的做法是把个人的绩效得分与工作团队或组织的整体效益相乘，将所得的分数作为个人收入与奖励的依据。另外，企业还要通过一系列措施奖励在互动培训中成绩突出的员工。

第三，组织结构支持。组织结构是组织知识的基本载体。伴随着信息技术的发展，企业组织结构创新再次成为人们关注的焦点。知识密集型企业中的团队协作成为组织规范发挥影响力的重要方式，首席知识官（CKO）在企业中扮演着愈来愈重要的角色。虽然工作团队是企业普遍存在的工作方式，但是沃马克认为，长期的工作团队会断送员工的职业生涯，因此他提出精益组织形式，即个人在工作团队中的绩效由团队负责人评估，而项目完成后回到职能部门的工作绩效则由部门领导评估。这值得企业借鉴。跨职能团队及自主管理团队的工作方式可以为知识员工之间的互动培训提供强有力的组织结构支持。

三、企业的人才使用战略

人才使用战略是企业人才战略的一个重要组成部分。企业的经营活动为人才的锻炼和成长提供了广阔的天地，在使用中进行人才开发与培训也是企业培养人才的一个重要途径。

制定企业人才使用战略的目的，是把企业的人才使用管理纳入发展战略规划的指导之中，使前期需要、工作安排与实现人才战略目标的要求相统一，按照人才成长的规律，把使用作为开发培训的必要方式之一，为人才提供必要的实践机会。例如，新进入企业的受过专业教育的人员，如果直接进入技术开发、管理部门，虽然能做到专业对口，但这种安排会导致这类人员对企业具体生产过程缺少直接的体验，使其发展受到限制。因此，国内外很多企业一般要求进入企业的大学生或专业人员先在生产线或车间工作一段时间，以利于其自身的发展。具体来讲，人才使用战略应有以下三方面的基本内容。

（一）制定各类人才的使用规划及考核制度

第一，企业应对各个部门及专业岗位上的人才使用配置做出合理的规划，就是要从组织功能的角度，通过人员的合理配置，形成人才的互补效应。

互补效应就是使具有不同特点、不同专业的人才能够在知识、能力等方面相互补充，发挥人才的群体功能。例如，在新产品开发的小组中，不仅要有技术工艺设计、材料、成本核算的专业人员，还应有从事装潢设计、消费心理研究等专业的人员，这样既能够提高所开发产品的成功率，也有利于人才之间相互启发和学习。对于今后企业发展所需的备用人才，如何为其创造实践锻炼的条件，也是人才使用战略规划值得考虑和解决的问题。

第二，企业需要确定使用过程中的考核管理制度。作为一种测量工具，人才考核方法的发展趋势是从定性向定量发展。企业人才的考核有多种方式，无论采用哪种方式，都要力求使之制度化、公开化，并在实践中逐步完善和发展。日常的考核工作主要是由人事部门承担，具体方法可采取以日常考核为基础，适当增加内容（如对管理人员决策分析能力、处理人际关系的综合考评和记录）。另外，还可以采取一些特殊的考核方式，如采取专项任务目标管理的方法，即要求管理人员全面承担企业发展中的一项阶段性任务，并对计划、组织、实施到完成的整个过程全面负责，由此对管理人员各方面能力进行全面考察。

（二）调整各类人才的使用方式

人才使用战略的目标之一就是通用型、复合型人才的培养，企业对此要做出综合的规划和安排。培养通用型和复合型人才的基本方法就是在人才“使用”过程中，有目的地进行横向的岗位变化，以避免企业内某一专业系统内“直线式”上升的人才对企业全面情况缺乏深入了解，避免工作经验形成的心理定式抑制创新意识发展的弱点。值得注意的是，企业不应把这种变换单纯作为培训手段。对管理者的横向调动不宜简单采取定期方式，最好是在某一岗位上取得一定成就后及时进行效果较佳。

（三）调整企业组织管理方式

人才的使用总是在一定的组织系统中进行的。根据人才战略目标，对企业的经营管理体制进行调整，采取有利于发挥人才创造性的管理方式，也是企业在制定人才使用战略时应予以考虑的一项内容。在企业内部，可以采取分权事业部管理体制，使一些生产部门成为相对独立的经营单位。

采取这种分权制的管理模式，可以为管理人员创造全面锻炼的条件，以造就新的经营者。此外，企业也可以通过逐步扩大某些部门的业务管理范围，为人才的潜在能力的开发创造实践机会，或者直接设置一些有利于培养综合管理人才的岗位（如经理助理等）。企业要想方设法地为人才提供充分发挥其主动性和创造精神的“柔性组织”环境，培养多面手，以期取得良好的效果。

对于企业的广大员工，发挥其创造性的一个重要途径是鼓励、引导员工参与决策和管理，为企业发展献计献策。从人才使用战略的角度来看，这不仅有利于企业的发展，而且也是培养员工的主人翁精神，使员工把企业作为“人生舞台”的主要途径。在提高员工能力的同时，企业要向全体员工传播企业的经营理念，增强企业员工的士气和凝聚力。

四、人力资源开发系统软件

人力资源开发系统软件的功用和意义就在于提高人力资源开发效率，但是若使用不当，系统软件不仅无法完全发挥其应有的功用，还会增加系统软件实际使用人的工作量，使管理变得错乱，效率愈发低下。正确使用人力资源开发系统软件需要注意以下四点。

（一）以数据资料的准确性为前提

人力资源开发系统软件的一项功用就是对大企业人力资源管理相关的各项数据资料的储存和处理，而人力资源系统发挥作用的一个基础性的前提就是这些数据资料信息的可靠性和准确性。

人力资源管理系统软件是现阶段市场上一种功用覆盖全面、各模块功用比较精深的管理系统开发软件。第一，企业在输入基本信息的时候要充分利用系统软件的一些特色功用，使用科技工具的力量来保证数据资料准确。比如，在录入新员工的个人资料时，使用系统软件内置的证件自动识别按钮，将员工的身份证件等信息资料扫描进入系统软件，而不必去采用传统的手工输入方式，这样就能避免数据资料出错，同时也能减轻HR的工作量。第二，可以充分利用系统软件的全自动纠错按钮，保证数据资料准确。例如，在核算员工薪酬时，当一键核算完成之后还应该使用薪酬模块中“薪酬对比”的功用按钮，去对比当月薪酬与以往薪酬之间的出入，检查之后就能根据具体的对比情况进行回查。

（二）保证数据资料信息的完整性

只要数据管理平台的具体内容详细、丰富，企业就能够根据系统软件获得各种综合性的结果。但如果管理人员在搭建组织架构的时候没有对职务信息、岗级信息等内容做好维护，那么在薪酬模块对有关工作人员记录薪酬的时候，系统软件就无法从组织管理的模块中抓取到与员工的岗位相关的信息，这无疑增加了 HR 的工作量。

（三）重视工作人员角色权限的配置

企业内岗位的划分越来越细致，对于这种趋势，管理人员在使用人力资源开发软件的时候必须考虑到系统软件中权限控制是否适合公司的各个职务。软件的权限分配功能可以对不同岗位、不同的人赋予相应的开发权限，保证企业管理的安全和信息的保密。在分布式权限控制系统中，员工的职务与权限相结合，不因人的流动性而造成职责的空缺。同时，合理地下放职权，也可以减轻相关职务的工作负担，提升工作效率。

（四）人力资源开发系统软件与人力资源开发实践的逐步磨合

启用系统软件之后，相关人员对新系统软件可能不熟悉，刚开始使用人力资源系统时需要一段时间的磨合期，之后才能娴熟运用系统软件，使其发挥应有的功用。

第三节　人力资源薪资与激励管理

一、员工薪资设计流程

（一）基本工资设计流程

基本工资设计的目标是实现公司内部公平和外部公平的岗位工资等级序列，也就是确定岗位工资的等级层次和每一级别基本薪酬。

员工基本工资设计可以分为两步：一是选择岗位价值评价方法，确定组织中各种岗位的相对价值，建立岗位工资等级；二是根据企业的支付能力，参照市场薪酬水平，确定每一级别的基本薪酬。应用流程分析方法设计基本工资的主要流程如下。

1．制定薪酬政策

企业首先要制定薪酬政策，确定员工薪酬的投入和收益策略。企业的薪酬政策应包括以下内容：为了增强企业的核心竞争力，薪酬分配如何向企业的核心能力岗位倾斜的薪酬政策；为了支持企业的战略发展，实现战略目标，薪酬分配如何向实施战略活动岗位倾斜的薪酬政策；为了提高员工的胜任能力和行为境界，薪酬分配如何向优秀员工倾斜的薪酬政策。

企业要参照市场的薪酬水平，根据自己的工资支付能力，制定自己的薪酬策略，如领先策略、持平策略、跟随策略等。并且，企业的薪酬政策和薪酬原则一定要与员工沟通，使员工知道公司的薪酬政策支持战略发展和员工能力发展，引导员工努力完成战略任务和提高个人能力；使员工知道公司的薪酬公平原则，感受到公司薪酬制度的公平性，提高工作满意度。

2．岗位价值评价

企业进行岗位价值评价需要遵循以下步骤。

第一，确定薪酬要素和权重。薪酬要素的选择标准是能够用于所有岗位的价值评价，每个要素相互独立而且不能重叠，能够清晰划分出子要素，易于分辨和评价。薪酬要素的认定要与员工协商，并得到大多数员工的认可，清晰界定薪酬要素的定义，权重可以根据经验方法和统计方法得出。

企业薪酬管理中，常见的薪酬要素有以下几个：一是工作价值，是指从顾客视角区别企业的核心流程与非核心流程，从而识别各个部门相对价值；从顾客视角区别关键流程与非关键流程，从而识别各个岗位的相对价值。二是工作责任，是指从岗位责任对应的价值创造贡献出发来识别各个岗位的相对价值，如战略责任为预测经营风险、制定企业战略和经营目标、组织和指挥企业的战略活动等；管理责任为支持企业战略活动的财务管理、信息管理、质量管理，以及人力资源管理的责任。三是业务责任，是指具体的设计、工艺、生产、采购等业务操作责任。四是工作难度，是指从学习成本和员工能力视角来识别岗位相对价值；工作强度是根据工作所消耗的脑力劳动、体力劳动，以及所付出的实际工作时间来识别岗位相对价值。五是工作条件，是指从工作环境的舒适程度，以及是否要经受恶劣环境损害，如污染等来识别岗位相对价值。

以上五个要素是企业进行薪酬管理不可缺少的薪酬要素，企业也可以根据自己的实际情况增加新的要素。此外，企业也可以根据自己的实际情况适当调整要素权重。

第二，确定每个薪酬要素的子要素及其子权重。

第三，分配薪酬要素等级点数。为了便于计算岗位价值，设定岗位价值的最大点数为1000，然后依据薪酬要素权重分配各个薪酬要素的点数。然后，依据子要素权重，将薪酬要素的点数分配给每一个子要素，为每一个子要素划分等级。等级的划分取决于子要素的差异程度，差异越大，划分的等级就越多，并按一定比例将子要素的点数分配给每一等级。等级点数分配可以按照等比分配、等差分配等方法进行。

第四，确定岗位价值。企业要分别确定每一个岗位的所有子要素的等级，然后将所有子要素的等级分值汇总，进而得出岗位的价值点数，这个价值点数就是该岗位的价值。

例如：总经理的工作是核心流程 4 级，90 分；战略职责 4 级，80 分；资质 4 级,55 分；工作技能 4 级,30 分；专业知识 3 级,10 分；脑力劳动 3 级,50 分；工作时间 3 级,25 分；体力劳动 1 级,3 分；工作环境室内 1 级,3 分。总分 346 分。

再如，办公室文员的工作是辅助流程 1 级，5 分；业务职责 1 级，3 分；资质 1 级,10 分；工作技能 1 级,5 分；专业知识 1 级:3 分；脑力劳动 1 级：5 分；工作时间 1 级：5 分；体力劳动 1 级：3 分；工作环境室内 1 级：3 分。总分：42 分。

企业依照这种方法，就可以确定每一个岗位的岗位价值点数。

3．建立岗位薪酬等级序列

企业可以根据岗位价值评价为每一个岗位核定一个基本工资，但是由于企业的岗位很多，特别是规模大的企业，如果给每一个岗位都核定一个基本工资，基本工资管理难度大，而且管理费用高。因此，企业建立薪酬等级序列简化基本工资管理。其方法是确定一定的点数区间，将岗位价值相近的岗位归入同一个薪酬等级内，采用一致的标准核定该等级内的薪酬，建立薪酬等级序列。例如，将所有岗位价值以 50 分为一个等级的区间，就可以将上面的薪酬案例划分为 7 个等级：1 ~ 50 分、51 ~ 100 分、101 ~ 150 分、151 ~ 200 分、201 ~ 250 分、251 ~ 300 分、301 ~ 350 分。

企业所从事的行业不同，组织的薪酬等级也不同，制造业的薪酬等级一般多于服务业。企业的规模不同，组织的薪酬等级也不同，规模大的企业的组织薪酬等级多。薪酬等级越多，薪酬管理制度和规范要求越明确，但是管理烦琐，费用高；等级越少，管理简便，费用越低，但是员工薪酬上升空间小，不利于提高员工的胜任能力和工作满意度。此外，企业中还可能存在工资不公平问题。例如，上面的薪酬案例中 299 分与 301 分分别属于不同的薪酬等级，基本工资相差一个等级，而点数仅仅相差两点。

4．市场薪酬数据调查

企业在进行薪酬水平决策时，必须同时考虑内部公平和外部公平。企业通过岗位价值评价确定了企业内部各个岗位价值的相对大小，并以此作为基本工资的依据，初步实现了薪酬的内部公平性。企业要实现薪酬的外部公平性，就要调查外部市场的薪酬水平，并且平衡企业内部和外部的薪酬水平，而确定企业外部的薪酬水平就需要进行薪酬调查。薪酬调查是指收集同地区内的企业或同行业其他企业的薪酬政策和薪酬水平的过程。进行市场薪酬调查之后，企业根据自己的薪酬支付能力制定薪酬策略，然后将企业岗位价值评价结果与市场薪酬调查的结果相结合，就可以确定出各个岗位具体的薪酬水平了。

企业通过薪酬调查能够收集反映当前市场趋势的薪酬及福利水平数据，确定劳动力成本的变化，及时调整企业的薪酬策略和薪酬水平，保持企业薪酬水平的外部公平性和外部竞争性。常见的薪酬调查方法有基准岗位调查法、基准工资调查法、参照法。

（1）基准岗位调查法：调查人员先确定被调查企业的基准岗位，即那些工作内容稳定，并且在多数企业都存在的岗位。这些基准岗位的薪酬水平确定之后，将非基准岗位的价值评价点数与基准岗位价值评价点数相比较，就能够计算出非基准岗位的薪酬水平。

（2）基准工资调查法：调查人员可以选出一个或两个岗位的基本工资作为基准工资岗位，经过调查获得这些基准工资后，再将各个岗位的价值评价点数与这些基准工资岗位的价值评价点数相比较，就可以获得非基准岗位的基本工资水平。

（3）参照法：调查人员选择相同或相似的企业的基本工资水平作为参照系，再根据企业的薪酬策略确定自身的工资水平。如果将选定企业的基本工资水平作为 1，那么薪酬领先策略下的基本工资水平则为 1 加上一个领先的百分比，薪酬持平策略下的基本工资水平则为 1，而薪酬跟随策略下的基本工资水平则为 1 减去一个跟随的百分比。

薪酬调查的数据来源有社会劳动保障部门收集、分析并公布的统计数据，某些行业协会收集、分析并公布的统计数据，专业咨询公司收集的数据，企业自己调查的数据。根据薪酬调查数据来源的不同，有以下三种薪酬调查方案。一是查询方案，是指查询社会劳动保障部门和某些行业协会公布的基本工资水平统计数据，再根据企业的薪酬策略确定自身的工资水平。二是购买方案，是指购买专业咨询公司收集的基本工资水平统计数据，再根据企业的薪酬策略确定自身的工资水平。企业可以购买确定的基准岗位的工资数据，也可以购买特定的基准工资岗位的数据，但应对购买的薪酬数据进行分析，要注意岗位匹配程度和数据的准确性。三是薪酬调查方案，是指企业自己调查市场薪酬数据。

企业薪酬调查的基本步骤如下：首先，确定薪酬调查方法，是采取基准岗位调查法还是采取基准工资调查法，或者采取参照法。如果采取基准岗位调查法，则要确定基准岗位和数量；如果采取基准工资调查法，则要确定基准工资岗位和个数；如果采取参照法，则要确定岗位调查的范围和参照企业。其次，确定调查范围，是在本地区本行业调查，还是在全国范围跨行业调查。调查范围大数据量大，数据的参考价值大，能够保证薪酬水平的外部公平性，当然调查费用也大。调查的范围可以根据具体职位进行确定，普通员工的基本工资水平在本地区调查即可，中、高层主管应该扩大调查范围。最后，确定调查的内容。为了有利于总薪酬水平的确定，不仅应调查基本工资，还应调查工资幅度、业绩工资、福利等方面的数据。

调查完成后，企业可以通过绘制薪酬曲线分析调查结果。薪酬曲线是表示岗位价值评价与基本工资水平之间的数量关系曲线。横坐标是岗位价值评价点数，纵坐标是基本工资水平。

采取基准岗位调查法的薪酬曲线绘制方法：在坐标图中，首先标上所有基准岗位的点，然后将所有的点平滑地联结起来。

采取基准工资调查法的薪酬曲线绘制方法：在坐标图中，首先标上基准工资岗位的点，然后计算其他所有岗位的价值评价点数与基准工资岗位的价值评价点数的比例，得出基本工资水平，逐一标在坐标图上，将所有的点平滑地联结起来。

采取参照法的薪酬曲线绘制方法：绘制参照企业的薪酬曲线，薪酬领先策略的曲线向上平移，薪酬跟随策略的曲线向下平移，曲线平移的幅度取决于薪酬领先或滞后的幅度。持平策略的薪酬曲线保持不变。

5. 薪酬定位

薪酬曲线上的基本工资就是每一岗位的目标工资水平。为了保证薪酬的外部公平性，企业要利用薪酬曲线确定企业的基本工资水平。如果企业当前支付的某一个岗位的工资高于基本工资水平过多，就要将这个岗位的工资向下调整；反之，如果企业当前支付的某一个岗位的工资低于基本工资水平过多，就要将这个岗位的工资向上调整。企业利用市场调查数据确定自己的薪酬水平，能够保证基本工资的竞争性。

为了支持企业的核心竞争力和战略发展，某些企业采用了分区间的薪酬定位。中、高级岗位，特别是高级岗位的薪酬水平高于市场水平，而一般岗位略低于市场水平。实际上采用双工资基准薪酬设计方法就是一种分区间薪酬定位方法。此外，企业核心岗位的薪酬水平一般也高于市场水平。

（二）业绩薪酬设计

如果说基本工资像一张安全网，是生活的保障，那么业绩工资就像一架梯子，是薪酬的差别。企业的资源是有限的，每个员工的能力是有差别的，让那些有能力、贡献多的员工掌握更多的资源，就能够提高资源使用效率，产生更大的效益。为此，对于这些贡献多的员工就要给予更多的报酬。一方面，这样能够减少资源浪费；另一方面，这样可以鼓励员工提高能力、多作贡献，实现员工和企业，甚至整个社会财富的最大化。

基本工资是为岗位价值付酬，工资幅度是为员工的行为表现付酬，业绩工资就是为员工业绩和公司业绩而付酬。企业把员工薪酬与业绩联系起来就是将员工和企业的命运联系起来。若企业超额完成经营指标，就要增发业绩薪酬；若企业没有完成经营目标，就要降低员工的业绩薪酬。员工与企业共同承担经营风险，共享经营成果，这就是业绩工资的激励作用。

企业的业绩薪酬设计要注意以下几点。

1. 固定与浮动

浮动薪酬包括固定（基本工资加工资幅度）和浮动（业绩工资）两大部分，固定与浮动的比例设计原则如下：

第一，取决于企业最高管理层的薪酬文化导向。如果高层看重的是安全网保障，则固定薪酬比例大；如果高层看重的是梯子的差别激励，则浮动比例大。

第二，取决于企业的生命周期。在企业市场扩张优先阶段，多数企业为了激励员工的竞争能力，浮动工资比例一般大于固定工资比例；而进入夯实管理基础的管理优先阶段，固定工资比例就会上升。

第三，固定与浮动的比例还与工作性质相关。例如，企业的销售人员承担外部市场风险，为了激励销售人员，提高其承担市场风险的能力，企业给予销售人员很高的业绩工资。因此，销售人员的浮动工资大于固定工资。而办公室人员一般不承担外部风险，所以固定工资大于浮动工资。企业高级主管从事的是应对市场环境变化的决策工作，承担着公司运营风险，他们的浮动工资大于固定工资。一般岗位员工的浮动工资则低于固定工资。

2．工作风险与浮动工资比例

公司内各个岗位的内部和外部约束不同，即各个岗位完成业绩指标的风险不同。外部约束属于不可控制因素，如市场需求的增加或减少。因此，完成受外部控制的业绩指标难度高。内部约束属于可控制因素，如办公室日常工作。因此，完成受内部控制的业绩指标难度低。既然员工的业绩工资与业绩相关，企业就要依据业绩指标的风险程度来核算员工的业绩工资。

3．业绩指标体系与业绩工资管理

企业的业绩指标体系包括组织行为指标、组织经营指标，以及员工行为指标和流程指标。企业高层主管承担组织业绩指标，中层主管承担部门业绩指标，员工承担岗位业绩指标。企业只有建立一套完整的业绩指标体系，才能够保证业绩工资发放的科学性、合理性和公平性。没有全面的、可以衡量的业绩指标标准，必将导致业绩工资管理混乱。目前，部分企业的业绩工资管理处于混乱状态，原因就在于没有建立一套行之有效的业绩指标体系，导致业绩工资没有起到激励员工的作用。

二、激励管理的原则和方法

（一）知识员工的特点

美国学者彼得·德鲁克在《21 世纪的管理挑战》一书中首次提出了“知识员工”的概念。他认为知识员工是指“那些掌握和运用符号和概念，利用知识或信息工作的人”，这些人一方面能充分利用现代科学技术提高工作效率，另一方面本身具备较强的学习知识和创新知识的能力。知识创新力是知识员工最主要的特点，兼具知识性、创造性、灵活性等方面的特征。加拿大著名学者、优秀基金评选主审官弗朗西斯·赫瑞比认为：“简而言之，知识员工就是那些创造财富时用脑多于用手的人。他们通过创意、分析、判断、综合设计等给产品带来附加值。”在属于知识经济时代的 21 世纪，知识是最重要的资源，拥有知识的人不再是一种成本或者一种工具，而是一种资源，一种人力资本。相对于非知识员工而言，知识员工具有如下特点。

1. 强烈的自主性

知识型员工是一个富有活力的群体，与流水线上的操作工人被动地适应设备运转不同，知识员工大多从事创造性劳动，倾向于拥有宽松的、自主的工作环境，不仅不愿意受制于物，且更强调工作中的自我引导、自我发挥和自我管理。过度严格的管理会被他们看作不尊重和侮辱。

2. 很高价值的创造性劳动

知识员工从事的不是简单的重复性工作，而是在易变和不完全确定的系统中充分发挥个人的才干和灵感，应对各种可能发生的情况，推动着技术的进步。

3. 相对独特的价值观

与一般员工相比，知识员工更在意自身价值的实现，因此他们热衷于具有挑战性的工作，把攻克难关看作一种乐趣、一种体现自我价值的方式，并从这种具有挑战性的工作中获得满足感。

4. 强烈的自我价值实现愿望

知识员工的需求一般在比较高的层次上，他们往往更在意自身价值的实现，并强烈期望得到单位或社会的认可。他们并不满足于被动地完成一般性事务，而是尽力追求完美的结果，追求卓越。

5. 劳动过程难以监控

知识员工的工作主要是创造性活动，特别是随着信息技术和互联网的飞速发展，劳动过程往往是无形的，而且可能发生在每时每刻和任何场所；加之工作并没有固定的流程和步骤，其他人很难知道应该怎样做，固定的劳动规则并不存在。因此，对劳动过程的监控既不可能，也没有意义。

6. 具有强烈的个人发展与流动意愿

知识员工出于对自己职业兴趣、感觉和发展前景的强烈追求，可能具有较强的流动意愿，希望在流动中展现价值和实现价值。

7. 劳动成果难以衡量

由于知识员工的劳动过程难以监控，并且他们的劳动成果依赖很多因素，包括同事、团队的协作完成等，因此劳动的成果一般难以衡量。

（二）员工激励原则

鉴于知识员工不同于非知识员工，对他们的激励应结合他们的自身特点展开。一般来说，知识员工不仅要得到公平合理的报酬，得到发展自我的机会和条件，还要得到职业安全保障，要更加重视战略性项目，包括人力资源政策的制定、完善，员工的教育、培训，组织发展规划。

1. 组织目标和员工需要结合原则

企业在确定和实施组织目标的过程中，要把员工内心深处的迫切需要纳入组织目标实施范畴，从而产生强大的预期效果。

2. 物质激励和精神激励相结合，更加注重精神激励原则

企业在运用物质激励和精神激励手段时，要充分认识到知识员工心理和精神层面的需要，比如期望得到爱，得到尊重，得到认可，得到赞美，得到理解。

3. 引导性原则

激励过程的内在要求是重视利用职业道德、荣誉等软约束和创造倾向性、诱导性氛围，促使知识员工积极投入组织目标实施过程。

4. 合理性原则

激励的合理性原则包括两层含义：其一，激励的措施要适度，要根据所实现目标本身的价值大小确定适当的激励量；其二，奖惩要公平。

5. 时效性原则

企业要把握激励的时机，激励越及时，越有利于将人们的激情推向高潮，使其创造力能连续有效地发挥出来。

6. 正激励与负激励相结合原则

企业要根据组织制度约定，对员工符合组织目标期望行为进行奖励，

对违背组织目标的非期望行为进行惩罚。正负激励都是必要而有效的，不仅作用于当事人，还会间接地影响周围其他人，对知识员工而言，运用正激励措施所产生的效应更好。

激励的起点是满足员工的需要，但员工的需要因人而异，因时而异，并且只有满足最迫切需要（主导需要）的措施，其激励强度才大。因此，管理者必须深入地进行调查研究，不断了解知识员工需要的层次和需要的结构的变化趋势，有针对性地采取激励措施，只有这样才能收到实效。

（三）激励知识型员工的方法

1. 成就激励

随着社会的发展和人们生活水平的提高，越来越多的人在选择工作时已经不仅是为了生存。特别是对知识型员工而言，工作更多的是为了获得一种成就感。成就激励是员工激励中一类非常重要的内容。根据作用不同，可以把成就激励分为组织激励、榜样激励、荣誉激励、绩效激励、目标激励。

（1）组织激励：从组织制度上为员工参与管理提供方便，这样更容易激励员工提高工作的主动性。管理者首先要为每个岗位制定详细的岗位职责和权力，让员工参与到制定工作目标的决策中来。在工作中，让员工对自己的工作过程享有较大的决策权。这些都可以达到激励的目的。

（2）榜样激励：群体中的每名成员都有学习性，组织可以将优秀的员工树立为榜样，让其他员工向他们学习。虽然这个办法有些陈旧，但实用性很强。就像一个坏员工可以让大家学坏一样，一位优秀的榜样也可以改善员工的工作风气。

（3）荣誉激励：企业可以为工作成绩突出的员工颁发荣誉称号，这代表着组织对这些员工工作的认可。员工知道自己是出类拔萃的，就更能激发他们的工作热情。

（4）绩效激励：企业在绩效考评工作结束后，要让员工知道自己的绩效考评结果，这样有利于员工清醒地认识自己。如果员工清楚管理者对他工作的评价，就会对他产生激励作用。

（5）目标激励：企业可以为那些工作能力较强的员工设定一个较高的

目标，并向他们提出工作挑战。这种做法可以激发员工的斗志，激励他们更出色地完成工作。如果这种工作目标挑战能结合一些物质激励，效果会更好。

2．能力激励

为了让自己将来工作得更好，每个人都有发展自己能力的需求。组织可以通过培训激励和工作内容激励满足员工这方面的需求。培训激励对青年人尤为有效。通过培训，员工可以提高自己实现目标的能力，为承担更大的责任、更富挑战性的工作及提升到更重要的岗位创造条件。如果员工做的是他最喜欢的工作，就会产生工作内容激励。管理者应该了解员工的兴趣所在，发挥员工的特长，从而提高效率。

3．环境激励

（1）政策环境激励：组织系统的良好制度、规章等都可以对员工产生激励。这些政策可以保证员工的公平性，而公平是员工的一种重要需要。如果员工认为他在平等、公平的单位中工作，就会减少由于不公而产生的怨气，从而提高工作的效率。

（2）客观环境激励：单位的客观环境，如办公环境、办公设备、环境卫生等都可以影响员工的工作情绪。在高档次的环境里工作，员工的工作行为和工作态度都会向“高档次”发展。

4．物质激励

物质激励的内容包括工资奖金和各种公共福利，它是一种最基本的激励手段，因为获得更多的物质利益是普通员工的共同愿望，它决定着员工基本需要的满足情况。同时，员工收入及居住条件的改善，也影响着其社会地位、社会交往，甚至学习、文化娱乐等精神需要的满足情况。

第四节　人力资源信息化建设

一、信息化建设在企业人力资源管理中的意义和障碍

（一）信息化建设在企业人力资源管理中的意义

在企业人力资源管理中加强信息化建设的意义主要体现在以下两个方面。

第一，现代社会发展最为明显的一个特点就是信息化。身处于 21 世纪的现代企业，在人力资源管理中加强信息化建设步伐，通过电子信息进行沟通和交流，并且采取无纸化的工作形式，不但能够在很大程度上提高人力资源管理工作的效率，还能够在一定程度上降低人力资源管理工作的成本。与此同时，借助信息化的传播，企业能够以较快的速度接收到信息，在减少人力资源管理时间的基础上提升人力资源管理水平。

第二，人力资源管理在企业的发展中占据着重要的位置，其中信息化建设最为普遍的一个现象就是计算机的大量使用。计算机能够以最快的速度、最简洁的方法和最正确的答案来做好企业的人力资源管理工作。企业通过人力资源管理的信息化建设，可以在做好人力资源管理工作的基础上促进企业获得更好的发展。

（二）信息化建设在企业人力资源管理中的障碍

信息化在企业人力资源管理上的应用现状具体体现在以下两个方面。

第一，人力资源管理的重要性已经得到普遍认可，但是在企业人力资源管理工作中加强信息化建设的这一认识，很多企业都还未给予充足的重视，部分企业缺失这部分意识，导致相关行为无法得到有效落实，同时还缺少一些系统化的管理，在操作上的条理也是比较差的。长此以往，信息化在企业的人才资源管理应用时不具备扎实的基础，随时可能会出现信息重复或者是不足的现象。

第二，对于任何一项工作而言，参与其中的工作人员的综合能力在很大程度上会影响这一项工作最终的开展质量。因此，在将信息化应用到企业人力资源管理的过程中，由于参与其中的工作人员还存在工作能力不足、

素质不高等方面的问题，无法很好地在人力资源管理中加强信息化建设，影响其多个方面的发展。

二、信息化人力资源管理系统体系结构分析

随着国内人力资源管理信息化的日益普及和应用的不断深入，为达到快速实施、随需而变、个性化扩展的应用目标，软件厂商和成熟用户越来越关注信息化系统的体系结构规划和设计。然而，国内从事人力资源管理软件开发的厂商虽然为数众多，但多数只限于根据用户需求定制开发系统，对体系结构的认识往往仅局限在软件结构和系统运行环境上，对应用系统的应用支持体系、管理业务体系等方面关注不够。笔者结合信息化人事和人力资源管理系统建设和应用的实际，从社会化支持服务、管理业务、应用技术等方面就信息化人力资源管理系统所涉及的诸多体系作一些初步的分析。

（一）信息化人力资源管理系统需要的支持服务体系

社会化支持服务体系是实现人力资源管理信息化、产业化的前提，需要行业主管部门、行业协会、标准化组织牵头，协调管理咨询公司、软件开发厂商、典型用户制定统一的、能够被充分认可和普遍采用的行业标准，营造推进信息化应用的社会环境。

1. 信息标准体系

信息标准体系包括人力资源管理信息结构体系标准及信息代码标准等内容。在制定信息标准的过程中需要进一步增加参与人员，扩大适用范围，促使各种类型的软件厂商采纳和执行相关标准。

2. 接口标准体系

在规范信息结构体系标准的基础上，企业需要制定信息数据交换接口标准和典型业务操作标准，解决不同管理层级之间、不同行业系统之间、不同应用系统之间的数据交换和业务操作性问题，消除信息孤岛和业务壁垒。

3. 资源服务体系

资源服务体系即支持信息化管理系统有效运行的资源，包括相关标准、典型业务模型、通用模板、领域知识、专项服务等内容。这些内容往往是用

户迫切需要，但软件开发厂商没有能力提供的。因此，企业需要联合建立社会化的服务机制，营造良好的社会化支持服务环境。

（二）信息化人力资源管理系统需要完善的业务体系

国内人力资源管理领域一般将人力资源管理划分为人力资源规划、人才招聘、绩效考核、薪酬福利、人员培训等几大模块，这种划分模式在很大程度上影响着信息化人力资源管理系统的体系结构设计。然而，信息化管理作为一种全新的管理模式和工作方式，是利用信息技术、计算机和网络技术，融合业务流程管理、量化管理、精益管理、目标管理、过程控制等先进的管理方法，对传统的人力资源管理业务进行重新整合的管理模式。信息化应用系统需要涵盖人力资源管理的全业务和全流程，应当建立起既体现职能特征又彼此紧密协作的业务体系。

1．职位、职等体系

职位分析是人力资源规划的重要内容，是落实公司战略、进行职能分解的重要方式，直接影响工作岗位设置和量化分析。因此，实施信息化人力资源管理系统，先要针对用户的行业特点和业务定位，科学、合理地规划和设置职位体系，并依据创造性、危险性、复杂度、难易度、工作量等指标进行量化分析，依据职责、资历等情况设置职级体系，体现不同岗位的劳动价值。

2．组织机构体系

组织机构是公司运营的组织保障。随着经济运行日趋活跃和市场格局迅速变化，公司的组织结构已经不仅限于传统的静态组织机构，信息化系统必须能够适应项目化组织、业务型团队等动态的组织形式，进而实现灵活、动态的组织管理。

3．岗位角色体系

岗位角色体系是职责分工和职位体系在组织机构中的具体化，是将工作内容、任职条件、工作职权、工作量、报酬待遇等明确到具体的工作岗位和工作角色，并作为信息化人力资源管理系统功能权限分配的基本依据。

4．人才供给体系

人才供给体系包括拟订人才供给计划、任职管理、汇总空缺岗位、确定招聘计划、实施招聘活动、聘用管理、离职管理等多项工作内容。人才供给体系需要建立集人才获取、人才使用、职级晋升、人员退出于一体的人才供给制度和工作机制。

5．能力建设体系

企业为适应激烈的市场竞争，需要以创新为核心，制定包括工作胜任素质模型、员工能力评估、培训需求分析、培训实施、培训评估、培训资源管理等一系列管理机制。

6．绩效评估体系

绩效评估体系是指结合工作目标和岗位职责，采用关键业绩指标、平衡积分卡、360度评估等有效的管理方法，建立起以量化考核为基础、定性评估为补充的科学的绩效评价体系，科学、准确地对劳动价值和贡献率作出评估。

7．薪酬福利体系

薪酬福利体系是在绩效评估的基础上，建立起与价值创造、工作量、贡献率相适应的劳动报酬和股权激励体系，并按照国家有关法律法规的要求，建立起与社会接轨的社会保险、企业年金等福利体系，进而实现各种薪酬福利的自动核算，并通过数据接口实现与银行、社保机构的数据交换。

8．知识管理体系

知识经济时代，知识创新成为企业竞争的关键因素。因此，信息化人力资源管理系统需要建立起有效的集管理模型提炼、员工经验获取、领域知识汇聚、知识交流共享于一体的知识管理体系，为企业的持续发展奠定坚实的基础。

9．沟通门户体系

随着人性化管理理念的不断深化，构建企业文化、畅通沟通交流、增强员工归属感越来越成为企业治理的重要内容。信息化应用系统可以充分发挥网络化、实时化的优势，通过建设统一的管理门户网页的方式，构建起跨越时空的业务协作和沟通交流机制。

（三）信息化人力资源管理系统需要的应用技术体系

为提高信息化人力资源管理系统的规范性和可复用性，便于应用系统之间、功能模块之间的相互集成和业务协作，迫切需要在软件架构及组件、工作流程引擎、系统集成等方面定义相应的标准和接口，推进社会化应用。

1．软件架构及组件体系

为实现快速实施、随需而变、个性化扩展的系统建设目标，企业需要在规划系统的软件体系结构时，按照业务与程序代码分离、程序组件之间松耦合的原则，合理规划设计应用软件的整体架构和业务组件。

2．工作流程体系

流程化的业务处理和网络化的业务协作将是信息化管理系统的主要特征。因此，信息化系统必须具备完善的工作流程引擎，能够随时根据业务需求定制和调整工作流程，并有效地实现流程的跟踪、追溯、督办、委托、监控等业务功能。

3．系统集成体系

为便于与其他应用系统实现系统集成，企业需要信息化人力资源管理系统具备可灵活配置的数据交换接口和业务互操作接口，采用服务集成的方式进行页面集成和功能集成，使人力资源管理系统融入企业信息化的整体格局中。

4．角色权限体系

角色权限体系是实现系统功能、保证系统安全的关键。以往应用系统的授权往往由系统管理员承担，系统越大负担越重，常常与管理实际脱节。因此，人力资源管理系统需要建立起基于角色的、与职位和岗位挂钩的、自适应的权限体系。系统管理员只需要设置权限的规则，使具体用户的权限随工作岗位和职责的调整而获取，在解除管理员负担的同时，使系统的权限机制更加规范和严密。

5．模板定制体系

模板定制体系是将人力资源管理系统运行过程中常用的数据结构、代码字典、交互界面、各类表格、合同文档、邮件短信等模板化、通用化、标准化，提供统一的资源管理和应用服务功能，使系统的操作使用更简单、更方便、更人性化。

从上述内容可以看出，信息化管理作为一种全新的管理模式和工作方式，涉及技术、管理、应用等诸多环节。信息化管理系统的体系结构设计不仅需要考虑软硬件体系，更要关注应用支持体系、管理业务体系，只有这样才能最终确保系统的实际应用成效，最大限度地发挥信息化系统的应用价值。

三、信息化建设在企业人力资源管理中构建策略

企业在人力资源管理中加强信息化建设符合知识经济下市场的整体发展趋势。那么，如何在企业的人力资源管理中加强信息化建设呢?

（一）提高认识，构建沟通交流平台

意识与行为之间具有密切的联系，具体表现为意识影响行为，行为的做出在很大程度上受到意识的主导。因此，企业管理者要加强对人力资源管理中构建信息化建设的认识度和重视度，将更多的精力投入人力资源管理的信息化建设，并且在设备及内部人员中进行合理的分配，同时还需要加大宣传力度，让企业内部的更多人员都能够意识到人力资源管理的信息化建设的必要性，以此来排除因不支持问题而阻碍人力资源管理应用信息化的情况。企业还可以通过建立官方微博、微信公众号等方式，为员工搭建一个沟通交流的平台，让员工在这个平台中畅所欲言，表达自己对企业或者工作的看法，或者进行员工相互之间的情感交流，以此来推动企业的人力资源管理工作朝着信息化方向良好发展。

（二）采取对内对外措施，提高员工综合能力

人员是一项工作在开展中需要关注的重要因素，由此可见，要想促使信息化建设工作在企业人力资源管理中得到有效落实，在人员方面需要采

取对应的措施，促使参与其中的工作人员在更好地胜任本职工作的基础上实现目标。针对工作人员主要可以采取以下两个方面的措施。

1．对外的人才招聘环节

不但要拓宽对外招聘人才的渠道，而且要提高对外招聘的门槛，争取在这一环节中招聘到具有人力资源信息化能力的人才，以此来更好地适应实际工作要求。

2．对内的人员管理环节

在当前的知识经济时代下，知识更新速度明显加快，需要定期开展培训活动，以培训的形式来提高人力资源管理部门成员的专业素养和能力技术，同时提高其 IT 技术水平，从而提高人力资源管理工作效率。

（三）加大科研研究，提供优质软件配置

正所谓“工欲善其事，必先利其器”，软件配置是企业人力资源管理信息化建设的基础，但是部分企业在软件开发方面不够先进，导致企业人力资源管理信息化出现困难。针对这个问题，一方面，国家要从企业的需求出发，加大对这方面软件设备的开发力度，同时软件设备供应商也应该配合市场的发展，在全面了解企业发展情况的基础上设计、更新软件，从而提高企业人力资源管理信息化建设的效率和水平；另一方面，对于企业而言，也应该配合供应商的要求，将企业实际需要或者是面临的情况进行正确的表述，让供应商更好地明确企业的实际诉求，从而为企业提供更好的软件配置。

推动企业人力资源管理信息建设十分有必要，企业需要从多方面入手，采取合理的措施来促进人力资源管理信息化建设的整体发展。

第八章　企业管理风险控制

第一节　企业风险控制概述

一、风险控制的内涵

风险控制是指风险管理者采取各种措施和方法，消灭或减少风险事件发生的各种可能性，减少风险事件造成的损失。在日常经营中，总会有些事情是企业不能控制的，风险始终存在。作为管理者，要尽力采取各种措施减小风险事件发生的可能性，或者把可能的损失控制在一定的范围内，以避免在风险事件发生时带来难以承受的损失。

二、风险控制的主要方法

一般来说，风险控制的四种基本方法是风险回避、损失控制、风险转移和风险自留。

（一）风险回避

风险回避是投资主体有意识地放弃风险行为，完全避免特定的损失风险。简单的风险回避是一种最消极的风险处理办法，因为投资者在放弃风险行为的同时，往往也放弃了潜在的目标收益。所以，一般只有在以下情况下才会采用这种方法：一是投资主体对风险极端厌恶；二是存在可实现同样目标的其他方案，其风险更低；三是投资主体无能力消除或转移风险；四是投资主体无能力承担该风险，或承担风险得不到足够的补偿。

（二）损失控制

损失控制不是放弃风险，而是制订计划和采取措施降低损失的可能性或者减少实际损失。损失控制包括事前、事中和事后三个阶段。事前控制主要是为了降低损失的概率，事中、事后控制主要是为了减少实际发生的损失。

（三）风险转移

风险转移是指通过契约，将让渡人的风险转移给受让人承担的行为。通过风险转移过程，有时可大大降低经济主体的风险程度。风险转移的主要形式是合同和保险。

合同转移是指通过签订合同，可以将部分或全部风险转移给一个或多个其他参与者。

保险转移是指保险是使用最为广泛的风险转移方式。

（四）风险自留

风险自留即风险承担。也就是说，如果发生损失，经济主体将以当时可利用的任何资金进行支付。一般来说，风险自留包括无计划自留、有计划自我保险两种。

无计划自留是指风险损失发生后从收入中支付，即不是在损失前做出资金安排。当经济主体没有意识到风险并认为损失不会发生时，就会采用无计划自留方式承担风险。一般来说，无计划自留应当谨慎使用，因为如果实际总损失远远大于预计损失，将会导致资金周转出现困难。有计划自我保险指可能的损失发生前，通过做出各种资金安排以确保损失出现后能够及时获得资金以补偿损失。有计划自我保险主要通过建立风险预留基金的方式来实现。

三、企业风险控制的主要内容和控制程序

（一）风险识别

风险识别要注意以下两点：一是要意识到风险的存在：二是要识别风险的特征和类别，即认清风险发生的原因和条件，并进一步区分类别。风险识别实质上是对风险进行定性研究。

企业管理人员在识别企业风险时，可以采取多种多样的识别方法。就经营内部风险来说，可采取有针对性的识别方法。例如，审查企业财务账目和企业与外部单位的各种合同，可了解企业财务状况和合同执行情况等，从中发现潜在的财务风险；对企业生产过程进行流程图分析，及时了解企

业的原材料供应状况、各生产工序的衔接状况等，从中找到生产过程的“瓶颈”现象，及早发现潜在的经营风险。为了从整体上把握企业面临的各种风险，企业管理人员可以制定一份风险清单，列出企业面临的各种风险，并逐一找出风险原因。对于经营外部风险，企业管理人员则可通过审查企业决策程序和管理方法，了解国家有关方针、政策的发展变化等，发现潜在的决策风险。这些有针对性的风险识别方法是企业管理人员识别企业风险最基本、最常用的方法。在比较复杂的环境下，企业面临的风险并不能很直观、简洁地给予判断和识别，而必须采用一些比较定性的分析方法。

（二）风险评估

风险经鉴定和认识后，还必须收集详细的损失资料，评估损失的大小，分析损失发生的频率和幅度，以及其对企业经营活动产生多大的影响。在此基础上，根据不同情况正确地选择处理企业风险的方法。因此，企业风险计量是整个企业风险管理过程中的关键一环。在许多情况下，企业风险管理的失败既不是由于未能正确地识别风险，也不是由于处理企业风险的方法没有得到落实，而是由于处理企业风险的方法不正确，而这种选择不当往往又是由企业风险计量错误引起的。因为处理企业风险方法的选择在很大程度上是由企业风险的大小及其对企业经济活动影响的大小决定的。

（三）风险对策

在风险对策阶段，可以采取以下四种方法：第一，风险预防；第二，风险转移；第三，风险分散；第四，风险自留。企业需要根据自身实际情况酌情采用。

第二节　企业风险控制存在的问题及对策

一、企业风险控制存在的问题

（一）企业职工的风险意识缺乏

如何让大家具备风险管理意识，如何形成企业的风险管理文化，是建立企业风险管理机制的前提条件。但是，在风险管理工作的具体实践中，往往存在基层员工风险意识淡薄甚至匮乏的情况。这种思想意识的存在会使风险管理工作遇到相当大的阻力，具体表现就是无视工作中存在的风险因素，不愿暴露自己工作中存在的风险，这样就有可能少报、瞒报、漏报日常工作存在的风险，风险管理工作就会在基础阶段遭遇挫折，风险管理的有效性将会大打折扣。

（二）风险管理与内部控制脱离

企业管理层未能将企业风险管理与内部控制有机结合起来。做好内部控制是做好风险管理的前提，企业只有从加强内部控制做起，通过风险意识的提高，尤其是提高企业中处于关键地位的中、高层管理人员的风险意识，才能使企业安全运行。

（三）风险管理组织结构不完善

企业管理组织结构设计存在缺陷，主要表现在没有设立独立的风险管理部门，对涉及风险管理的工作职责、操作程序缺少制度管理，职责不清晰。即便有归口部门，也没有配备专职风险经理，承担风险的主体不明确，各个部门或者岗位间互相推卸责任，使风险管理缺乏约束，从而无力承担独立的、具有权威性的、有效管理企业风险的职责，使企业风险管理停留在以眼前利益为主的阶段。

（四）风险管理方法的应用不到位

现阶段，大部分企业的风险管理工作都是依靠各专业部门管理人员的职业判断。当然，职业判断也是风险管理工作的重要工作方法，很多工作都要依靠这种职业判断。但是，现代化的企业管理制度更需要有科学的工作方法和依据。

二、企业风险控制问题的对策

（一）培育风险管理文化，树立风险管理意识

为了使全面风险管理体系建设工作顺利进行，并营造良好的企业风险管理文化氛围，企业应通过培训让企业经营者和员工学习理论知识，掌握应用工具。在全面风险管理的过程中，始终把风险管理的理念贯穿企业文

化建设之中，全面提高员工的风险防范意识。通过风险管理文化的引领，使员工在认识风险中学习，在分析风险中反思，在防范风险中提高。

（二）形成一个良好的企业风险管理文化

对于企业来说，形成一个良好的企业风险管理文化可以为企业的发展壮大提供一个稳定的条件，使企业形成一个完整的风险防范体系，确保经营活动正常运行。在实施风险管理的过程中，企业应当通过宣传教育使广大员工认识到开展风险管理的必要性，并明确各部门的工作职责和流程，使风险意识及防范融入企业文化之中，成为企业文化的一部分。对于企业员工来说，企业的风险管理是企业中每名员工的责任，企业风险管理能否实现预期的效果关键在于企业员工对于风险管理的态度、认识及行为模式。在日常工作中，员工不仅要树立风险管理意识，还要善于发现新风险，以及掌握对以前的风险变化情况的趋势，并及时有效地向风险管理部门或者相关负责人汇报。

（三）建立企业风险管理报告沟通机制

首先，要调动企业内部所有员工积极主动地参与到信息收集、风险识别、风险分析、风险评价、风险应对等风险管理过程中来。由于工作岗位、角色身份的不同，企业员工对风险信息的关注重点也不同，企业领导班子更关注企业的总体和主要风险，专业管理部门更关注自己本部门存在哪些风险，而员工往往更关心和自己本岗位职责密切相关的风险。因此，要采取更开放、更平等的方式来沟通，只有这样才能调动企业内部所有员工的积极性，让他们都参与风险管理工作，不但能及时发现企业中存在的各种风险，而且能实现风险信息的及时准确传递。

其次，要在企业内部建立起自上而下和自下而上的双向沟通模式。但是，双向沟通模式不是自然而然就能运行的，管理层态度、企业文化、员工素质等因素也会对双向沟通模式的实行有着直接或间接的影响，如果管理层没有明确的意愿来倾听员工的报告或者没有时间来处理员工传递的风险信息，那么员工就没有积极性来向上传递有关企业风险的信息。同样，如果企业不鼓励员工积极反映问题，员工无法发现风险或者发现了风险但不传递，那么风险沟通的向上渠道就会慢慢堵塞，就会回到传统的“单向沟通模式”。

（四）加强风险控制力度

建立专门的风险预警系统，并设置专门的风险管理岗位。风险管理岗位人员应熟知企业和本行业内外部环境，具有较高的文化素质和道德修养，具有风险识别的能力，反应灵敏、严谨细致。此外，还应增加企业高层管理人员参加风险管理师的培训和认证的机会，通过专业、系统的学习提高管理层的素质，增强风险管理意识。只有企业高层有了系统的风险管理理念，才能进一步做出企业风险管理的战略、战术规划，为企业有序地开展风险管理工作提供保障。

（五）建立企业自身的风险评估机制

首先，要识别企业存在的海量的风险信息，确定应该收录进风险管理工作的基础资料。作为基层一线的员工，应该将自己日常工作中可能存在的风险、可能引起危害结果的风险信息识别出来，这些来自基层的风险信息往往是最贴近生产工作实际、最能反映真正风险点的信息。

其次，要使用科学的风险分析方法来进行风险分析。

第三节　企业固定资产管理风险控制

一、固定资产管理中存在的主要风险

第一，固定资产购置不符合单位购置计划，影响单位的资金利用效益。

第二，固定资产验收程序不规范，导致资产质量不符合要求，进而影响资产运行。

第三，固定资产登记内容不完整，导致资产流失、资产信息失真、账实不符等问题。

第四，固定资产投保制度不健全，导致应投保资产未投保、索赔不力，无法有效地防范资产损失风险。

第五，固定资产操作不当、失修或维修不到位，造成资产使用效率低下、产品残次率高或资源浪费，甚至发生生产事故，导致生产停顿。

第六，固定资产更新改造不够，造成资产老化、影响使用和安全。

第七，固定资产丢失、毁损等，造成账实不符，或资产贬值严重。

第八，固定资产抵押制度不完善，导致抵押资产价值低估和资产流失。

第九，固定资产处置方式不合理，造成企业经济损失。

二、固定资产管理风险控制的具体策略

（一）固定资产购置控制

固定资产投资是企业的长期投资行为，对企业未来的生产经营活动产生深远的影响。为了提高决策的正确性，避免盲目投资，防范决策风险，企业必须健全固定资产投资取得控制机制，以及对固定资产投资全过程的监督和控制制度。

1. 固定资产投资预算管理

固定资产大修实行预算制，经批准后的修理费按固定资产受益对象分别摊入生产成本。

建立并严格执行固定资产投资预算管理制度，根据固定资产的使用情况、生产经营发展目标等因素拟定固定资产投资项目，对项目可行性进行研究、分析，编制固定资产投资预算，并按照规定程序审批，确保固定资产投资决策科学合理，防止因出现决策失误而造成严重损失。按照中长期计划要求，有计划地购置固定资产，避免随机投资。

预测与决策是对固定资产的事前控制。固定资产投资大、建设周期长，为了保证固定资产投资按计划使用、缩短建设周期、提高固定资产投资效果，财务部门不仅应参与固定资产投资的预测与决策，还应参与固定资产提现的使用、项目建设的监督与验收工作。其主要工作包括：按建设项目工程进度拨付资金，监督固定资产提现按计划使用；预测建设项目完成程度及项目建设工期提前或延期对项目造价或利润的影响；加强在建工程的成本核算，预测资金计划完成情况；核算竣工项目的建设成本，监督办理竣工

项目交接手续，妥善处理结余资金，分析竣工项目建设成本计划的完成情况。

2. 职责分工和授权批准控制

企业对于外购的固定资产应当建立购置审批制度，明确责任部门（或人员）的职责权限和审批程序。职责分工、权限范围和审批程序应当明确规范，机构设置和人员配备应当科学合理，对于重大固定资产投资项目，企业要组织相关部门在认真进行市场调研的基础上，集思广益，反复论证，提出多个方案，通过对多个方案的比较选优，最终集体作出决策。

3. 招标采购制度

企业固定资产采购过程应当规范、透明，购建固定资产要实行公开招标，择优选择供应商和建设单位，杜绝暗箱操作。对于一般固定资产采购，应由采购部门充分了解和掌握供应商情况，并根据风险、报酬转移情况，明确固定资产取得业务的审批和控制程序。

4. 项目再评估制度

在固定资产投资项目的执行过程中，应注意评估投资决策是否合理、正确，一旦出现新的情况，要及时根据变化情况作出新的评价，以便采取应对措施和调整决策。

5. 责任追究制度

对因可控因素而导致决策失误的责任部门或责任人员要追究责任，以强化决策者的风险意识，提高决策的正确率。为了确保固定资产投资监控制度的正确实施：企业领导要以身作则，带头遵守制度，在制度范围内行使权利并承担相应的责任；责任部门要严格执行制度，使制度成为每个执行者的行为规范；监督部门要严格履行监督职责，对固定资产投资进行全程监督，发现问题及时报告，为企业有针对性地采取控制措施提供依据。

（二）固定资产验收控制

建立严格的固定资产交付使用验收制度，确保固定资产数量、质量符合使用要求。固定资产交付使用的验收工作由固定资产管理部门、使用部门共同实施。企业外购固定资产，应根据合同条款、购货清单对所购固定资产的品种、规格、数量、质量、技术要求，以及其他内容进行验收，出具验收单，验收合格后方可投入使用；企业自行建造的固定资产，验收合格后应由建造部门、固定资产管理部门、使用部门共同填制固定资产竣工移交单，移交使用部门投入使用；企业对投资者投入、接受捐赠、债务重组、企业合并、非货币性资产交换、外部企业无偿划拨转入，以及其他方式取得的固定资产均应办理相应的验收手续；企业对经营租赁、借用、代管的固定资产应设立登记簿记录备查，避免与本企业财产混淆；对验收合格的固定资产应及时办理入库、编号、建卡、调配等手续，财会部门应当按照国家统一的会计准则制度及时确认固定资产的购买或建造成本；对需要办理产权登记手续的固定资产，企业应及时到相关部门办理登记。

（三）使用管理与维护控制

1. 归口管理

根据固定资产的不同用途或类别将其划给职能部门进行归口管理，在此基础上根据固定资产的使用属性、管辖范围及存放地点，层层落实到使用部门、班组和个人。

2. 职责明确

在归口管理的基础上，明确使用部门的职责，所有固定资产职能部门均需建立实物账，做好日常管理，监督各部门管好、用好固定资产。资产责任部门也要建立所使用和管辖资产的台账，明确资产管理员，责任到人。

（1）职能管理部门的主要职责：制定固定资产使用、保管、维修、保养制度，并监督使用单位和个人遵照执行；及时办理资产内部转移、清理、报废手续，掌握固定资产增减变动和具体分布情况，并经常与财务部门核对账卡；根据生产任务和经营特点，结合固定资产的性能、技术特征和使用情况，安排修理和更新改造计划，保证企业所有的技术装备处于良好状态。

（2）责任部门的主要职责：认真贯彻执行固定资产管理制度，严格遵守操作规程和设备维修保护规定，严格按照设备的性能安排生产任务，防止超负荷运转，熟练操作所使用的机器设备，保证机器正常运转，避免意外损失；经常对所使用的机器设备进行维修保养，随时观察设备的使用和运转情况，对所使用的机器设备经常检查、擦洗、定期保养，保证机件润滑，防止过度磨损，如果发现设备运转不正常，应及时会同有关人员作出处理。

3．用管结合、用管定人

坚持谁使用、谁管理、谁负责的原则，把固定资产使用与管理的责任，以及利用效果纳入各级岗位责任制的范围。具体落实到每个班组的资产管理员身上，实行定级、定人、定岗、定责、定奖、定罚。对于管理成绩突出的单位和个人应按照考核指标，综合奖励；对于使用不善、保管不当、利用效果较差的部门和个人给予处罚；对使用保管中玩忽职守造成重大损失的人员，还必须依法追究责任。

4．日常维修、保养

加强固定资产的日常管理工作，授权责任部门或人员负责固定资产的日常使用与维修管理，根据工具及仪器仪表定检周期，定期检查、维护保养，及时消除缺陷风险，保证在用设备的安全完好，充分发挥设备的效能；应当定期或不定期检查固定资产明细及标签，确保具备足够详细的信息，以便固定资产的有效识别与盘点，固定资产移动应当得到授权审批，确保固定资产的正常运行，提高固定资产的使用效率。

5．定期盘点制

定期对固定资产进行盘点，盘点前固定资产管理部门、使用部门和财会部门应当核对固定资产账簿记录，保证明细账与总账相符。成立固定资产盘点小组对固定资产进行盘点，根据盘点结果填写固定资产盘点表，并与账簿记录核对。对账实不符，固定资产盘盈、盘亏的，要编制固定资产盘盈、盘亏表，并由固定资产使用部门和管理部门逐笔查明原因，共同编制盘盈、盘亏处理意见，经企业授权部门或人员批准后由财会部门及时调整有关账簿记录，使其反映固定资产的实际情况。每年年末由固定资产职能管理部门和财会部门对固定资产进行检查、分析，核对固定资产明细账和总账，并对差异及时进行分析和调整。

对于未使用或使用不当的固定资产，固定资产管理部门和使用部门应当及时提出处理措施，经批准后处理。对封存的固定资产，应指定专人负责日常管理，定期检查，确保资产的安全、完整。

（四）处置与转移控制

1．处置

按照固定资产不同的处置方式，采取相应的控制措施。对使用期满、正常损坏报废的固定资产，应由固定资产使用部门提出报废申请，管理部门复核，组织专业人员进行技术鉴定后报批，批准后对该固定资产进行报废清理。生产任务和经营方向变化等会导致一些闲置不用的固定资产，应及时进行有偿转让或出售，应由责任部门提出处置申请，列明该项固定资产的原价、已提折旧、预计使用年限、已使用年限、预计出售价格或者转让价格等，经评估及批准后予以出售或转让处理。

财务部门应监督企业按照规定办理固定资产的有偿转让和清理报废，固定资产的处置应由财务部门、管理部门、使用部门及其他监察审计人员共同承担，采取招标、询价方式，经批准后进行清理处置，财务部门进行销账、残值回收等账务处理。固定资产处置涉及产权变更的，应及时办理产权变更手续。

2．出租、出借

企业出租、出借固定资产，应由固定资产管理部门会同财会部门经批准后给予办理，并签订固定资产出租或出借合同，对固定资产出租、出借期间发生的维护保养、税负责任、租金、归还期限等相关事项予以明确约定。同时，还要办理移交手续，按期收取租赁费用，跟踪固定资产使用情况，出租或出借期满后办理资产收回手续。

第四节　企业人力资源管理风险控制

一、人力资源管理风险的内涵和特点

（一）人力资源管理风险的内涵

人力资源管理风险的内涵主要涉及企业在人力资源管理过程中可能面临的各种不确定性因素，这些因素有可能降低企业的经营效率，甚至带来经营损失。人力资源管理中的风险管理是一个系统而全面的过程，它贯穿于招聘、工作分析、职业计划、绩效考评、工作评估、薪金管理、福利、激励、员工培训及员工管理等各个环节。

企业人力资源管理风险是指在企业人力资源管理活动中未能妥善处理和协调各因素之间的关系导致的对企业经营造成意想不到的损失的风险。

（二）人力资源管理风险的特点

人力资源管理风险的特点主要体现在以下六个方面。

1．客观存在性

人力资源管理风险是客观存在的，它不会因为人的意志而转移或消失。在人力资源管理的各个环节，如招聘、培训、绩效考核、薪酬管理等中都可能存在潜在的风险。这些风险可能源于外部环境的变化、企业内部管理的不足或员工个人行为的不确定性等因素。

2．长期性

人力资源管理风险的影响往往具有长期性。一旦风险发生，其后果可能不会在短期内显现，但会在长时间内对组织造成持续的影响。例如，招聘到不合适的员工可能会导致团队氛围紧张、工作效率下降，进而影响企业的整体绩效和竞争力，这种影响可能会持续数年之久。

3．破坏性

人力资源管理风险一旦发生，往往会给企业带来较大的损失。这种损失不仅体现在经济方面，如招聘成本、培训费用的浪费，还可能体现在企业形象、员工士气、团队协作等多个方面。严重的风险可能导致企业陷入困境，甚至破产倒闭。

4．动态性

人力资源管理风险是动态变化的。随着企业内外部环境的变化，人力资源管理风险也会发生相应的变化。例如，随着市场竞争的加剧，企业可能需要更加灵活的人力资源管理策略来应对市场变化，而这种变化可能会带来新的风险。

5．可化解性

虽然人力资源管理风险是客观存在的，但企业可以通过采取一系列措施来降低风险发生的概率或减轻风险带来的损失。例如，通过完善招聘流程、加强员工培训、优化薪酬体系等方式来提高人力资源管理的效率和效果，从而降低风险的发生。

6．弱化倾向性

随着对人力资源管理风险认识的加深和风险管理能力的提升，企业可以逐渐削弱风险的影响。通过建立健全风险管理机制、加强风险监控和预警等措施，企业可以及时发现并应对潜在的风险，从而避免或减少风险带来的损失。

二、人力资源管理风险的控制原则和策略

（一）人力资源管理风险的控制原则

风险控制的主体是企业，所以风险控制的原则就是企业在确立风险控制目标时必须遵循的原则。在现实中，有诸多因素影响着企业人力资源风险控制目标的选择，这些因素会导致在目标选择上出现比较大的差异，所以无论企业选择什么样的控制目标，都应该遵守下面四项基本原则：与企业总目标相一致原则、量力而行原则、不贪小失大原则及成本效益相对应原则。

1．与企业总目标相一致原则

企业的总目标是其战略规划的基石，它定义了企业长期发展的方向和愿景。这个总目标不仅关乎企业的生存与发展，还直接影响企业的各项经营和管理活动。通过设定清晰、可量化的经营目标，企业能够确保所有部门和员工的行动都围绕着同一个核心展开，从而提高整体的经营有效性和效率。

2．量力而行原则

量力而行原则要求企业在控制人力资源管理风险时必须充分考虑自身的经济实力、管理能力和资源状况，确保所采取的风险控制措施既能够应对潜在的风险，又不会给企业带来过大的经济负担或管理压力。

3. 不贪小失大原则

企业在控制人力资源风险时，要有长远的眼光和全局的观念，避免因追求短期利益而忽视潜在的长远风险。这一原则要求企业在制定风险控制策略时综合考虑各种因素，包括风险发生的可能性、影响程度及控制成本等，确保所采取的措施能够最大限度地降低风险带来的损失。同时，企业还需要关注员工的长期发展和利益保障，避免因为过度追求成本控制而损害员工的权益和积极性。

4. 成本效益相对应原则

成本效益相对应原则要求企业在控制人力资源管理风险时必须权衡投入与产出的关系，确保所采取的风险控制措施能够以较低的成本获得较高的收益。企业应追求风险控制的最佳效果与最低成本的平衡。

（二）人力资源管理风险的控制策略

1. 确定人力资源控制目标

企业在招聘之前，必须对自身的实际情况有清晰的认识，包括财务状况、经营方案、人员需求等。只有基于实际情况制订的招聘计划，才能确保计划的可行性和有效性。这要求企业不仅要考虑当前的资金状况和经营需求，还要对未来一段时间的发展趋势进行预测和规划，以便合理安排招聘规模和岗位设置。合理的目标是企业发展的动力源泉。企业在设定目标时，必须充分考虑自身的实际情况和市场环境，确保目标既具有挑战性又可实现。这样的目标能够激发员工的积极性和创造力，促进企业稳步发展。相反，如果目标设定得过高或过低，就会对企业和员工产生不利影响。过高的目标可能导致员工压力过大、信心受挫；过低的目标则可能使员工缺乏动力、安于现状。企业在招聘及人力资源管理中，必须遵循实际情况、合理设定目标、完善制度体系、签订合法协议、定期培训员工及建立完善的奖惩制度等原则和要求。只有这样，才能确保企业的人力资源管理工作有序进行，为企业的稳定发展提供有力保障。

2. 建立规范化的招聘流程

在企业的人力资源管理中，人员招聘是构建高效团队、推动公司持续发展的关键环节。企业在招聘过程中要制订详细的招聘计划，除了了解职位的具体工作内容和要求，还需明确招聘的短期和长期目标，如填补当前空缺、储备未来人才等，通过科学合理的招聘方式选拔企业所需的人才。在招聘过程中，要强调企业文化和价值观，吸引认同企业文化的候选人，提高员工的忠诚度和归属感。在企业人力资源管理中，人员招聘是企业最基础的工作，需要招聘人员结合企业的自身情况，有方向、有目的地选择合适的人才，为企业发展储备人才资源。在招聘过程中，招聘人员应灵活转变招聘思路，改变传统的招聘方式，通过招聘计划筛选合适的人才。

企业在招聘过程中应秉持科学、合理、高效的原则，通过精细化的招聘计划、多元化的招聘渠道、科学化的招聘流程，以及持续的优化策略，选拔出符合企业需求的高素质人才，为企业的长远发展奠定坚实的人才基础。

3．建立完善的培训程序

员工培训是企业发展不可或缺的一环，它不仅能够提升员工的个人能力和职业素养，还能够增强企业的整体竞争力和经济效益。企业培训是一项系统工程，需要从培训目标的明确、培训计划的制订与实施、培训转化的引导，以及培训反馈的收集与改进等多个方面入手，全面提升员工的综合素质和企业的核心竞争力。通过持续不断地培训投入和优化，企业可以打造一支高素质、高技能的人才队伍，为企业的可持续发展提供有力保障。企业培训的目标应与企业战略相结合，企业在设定培训目标时应紧密结合企业战略规划和业务发展需求，确保培训内容与企业的长远目标相切合。要将企业文化和价值观融入培训过程中，增强员工的归属感和责任感，促进知识转化的顺利进行。企业可以从自身发展的角度出发，通过访谈法、观察法等方式对员工需求信息进行采集，确定培训的目标，确保培训工作行之有效。

4．建立多元化的激励机制

多元化激励机制是构建良好劳资关系、提升员工归属感和忠诚度，以及有效防范人力资源管理风险的重要途径。这些措施不仅关注员工的物质需求，还深入了精神层面，对于增强企业的凝聚力和向心力具有不可估量的价值。企业应设计多元化的职业发展路径，包括管理路径、专业路径和技术路径等，以满足不同员工的职业规划和发展需求。要明确每个职位的晋升标准和要求，包括绩效表现、能力素质、工作经验等方面，让员工清楚地知道如何努力才能达到晋升的目标。要确保晋升过程公开、公平、公正，避免任何形式的偏见和歧视，让每个员工都有机会通过自己的能力和表现获得晋升。这不仅是企业发展的需要，也是构建和谐劳动关系、促进社会和谐稳定的重要举措。

5. 建立健全薪酬体系

合理的薪酬体系有利于员工激励、人才引进与留存，以及企业长远发展。一个科学合理的薪酬福利体系，是企业激励机制中的核心组成部分，它不仅能够直接提升员工的工作满意度和积极性，还能通过差异化的设计来激发不同层级、不同岗位员工的创造力和忠诚度。要了解同行业、同地区的薪酬水平，确保企业的薪酬体系具有市场竞争力，确保不同岗位、不同层级员工之间的薪酬差异合理，体现岗位的相对价值和员工的贡献度，根据企业的经营状况、市场变化及员工的个人发展需求适时调整薪酬体系，保持其灵活性和适应性。要建立公开透明的薪酬管理制度，让员工了解薪酬的计算方式、调整规则等，减少误解和不满。

科学合理的薪酬福利体系是企业实现可持续发展、提升员工工作积极性和创造性的重要保障。企业应从实际情况出发，结合市场趋势和员工需求，不断优化和完善薪酬体系，为企业的长远发展提供源源不断的动力。

参考文献

[1] 何国栋．以人为本与现代企业管理 [M]．上海：文汇出版社，2005.

[2] 黄速建，黄群慧．现代企业管理：变革的观点（增补版）[M]．北京：经济管理出版社，2007.

[3] 田建军．现代企业管理与发展 [M]．北京：清华大学出版社，2008.

[4] 谭迎春，娄亚，伦丽珍．现代企业财务管理研究 [M]．长春：吉林大学出版社，2010.

[5] 李平，吴英姿．企业财务管理实务 [M]．北京：对外经济贸易大学出版社，2009.

[6] 郑晓明．现代企业人力资源管理导论 [M]．北京：机械工业出版社，2002.

[7] 席波，李婷婷，王桂玲．中小企业人力资源管理研究 [M]．北京：中国商务出版社，2012.

[8] 恩泽．人本管理模式 [M]．北京：中国社会出版社，2013.

[9] 蒋志青．知识经济时代的人力资源管理 [M]．上海：上海人民出版社，2007.

[10] 刘善华．现代人力资源管理 [M]．广州：暨南大学出版社，2009.

[11] 路秀文．企业文化建设对企业的深层次意义探讨 [J]．前沿，2012（4）：162-163.

[12] 谭新政，褚俊．企业品牌评价与企业文化建设研究报告 [J]．商品与质量，2012（28）：7-30.

[13] 杨青峰．云计算时代关键技术预测与战略选择 [J]．中国科学院院刊，2015，30（2）：148-161，169.

[14] 于长钺，王一刚，王长峰．云计算服务模式及其标准化研究 [J]．标准科学，2016（3）：19-23.

[15] 顾晓．试论稳健性原则在财务分析中的运用 [J]．现代商业，2007（30）：48.